그림으로 이해하는

RPA의 구조

니시무라 야스히로 지음
송철오 감역 | 김기태 옮김

BM (주)도서출판 성안당

기업과 단체에서 RPA 도입에 대한 관심은 날로 높아지고 있는 반면 도입 현장에서는 전문적인 스킬을 가진 인재 부족이 문제가 되고 있다.

RPA 전문가가 되기 위해서는 도입 활동에 종사하고 소프트웨어로서의 RPA를 제대로 파악해야 하며 로봇을 포함하는 시스템 개발 추진 방법을 이해하고 있어야 한다.

이 책에서는 RPA의 도입 형태, 구성 요소, 구조부터 로봇 개발, 시스템 개발, 도입 프로세스, 운용 관리와 시큐리티, 유사·보완 기술까지 RPA 구조의 모든 것에 대해 설명했다.

물론 모든 것에 정통할 필요는 없다. 자신의 전문 분야를 살려서 활용 아이디어를 내거나 로봇의 개발, 도입 지원과 같은 다양한 활동에 대응하고 있으면 될 것이다.

이 책은 정보 시스템 관련 업무에 종사하고 있는 사람, 새로운 기술의 적용에 흥미를 갖고 있는 사람, 로봇 개발과 도입에 관심이 있는 사람이나 RPA 전문가를 목표하는 사람 등을 대상으로 한다.

기술적인 내용도 다루었지만 서서히 전문가가 될 수 있도록 구성했으므로 시스템 개발 경험이 없는 사람이라도 처음부터 RPA 구조를 이해할 수 있다.

RPA는 여러 개의 시스템, 나아가 시스템과 인간을 연결하는 소프트웨어이다. 향후 ICT의 발전과 더불어 블록체인 등과 함께 특별한 존재로 자리매김할지도 모른다.

이 책이 RPA를 비롯한 신기술과 여러분을 '연결'할 수 있기를 바란다.

저자

차례

2장 • RPA의 동향과 효과

3장 ● RPA의 제품 지식

4장 • RPA와 유사한 기술

5장 ● 소프트웨어로서의 RPA

6장 • 로봇 개발

7장 • 업무와 조작의 가시화

8장 ● 사용자 요구와 시스템 개발

9장 ● RPA 도입 절차

10장 ● 운영 관리와 시큐리티

제 1 장

RPA의 기본

1.1 RPA의 개요

RPA를 도입하는 기업이 빠르게 늘고 있다. 사무 업무의 효율화와 생산성 향상을 목적으로 활용하는 일이 많고 언론 등에서도 거론되는 일이 많아졌다. 먼저 RPA란 무엇인지를 짚고 넘어가자.

1.1.1 RPA 란

RPA란 Robotic Process Automation의 약칭이다.
RPA는 소프트웨어의 일종으로 자신 이외의 소프트웨어를 대상으로 해서 정의된 처리를 자동으로 실행하는 툴이라고 할 수 있다(그림 1.1).

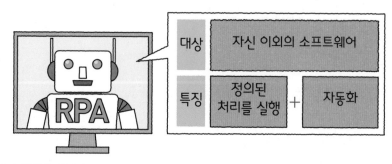

그림 1.1 RPA의 이미지

1.1.2 처리와 자동화를 나누어서 생각한다

위의 정의는 다음과 같이 다시 2가지로 나누어 생각하면 이해하기 쉽다.

① 자신 이외의 소프트웨어를 대상으로 해서 정의된 처리를 실행한다
• 대상으로 하는 소프트웨어는 단독이어도 복수여도 된다.
• 정의를 수행하는 것은 RPA의 실행 파일 개발자이다.

② 정의된 처리를 '자동으로=스스로 움직여서' 수행한다
• 정의된 처리가 자동으로 실행되는 것이 RPA 고유의 특징이다.
• 처리를 동작이라고 바꾸어 말하면 움직이는 이미지가 쉽게 이해된다.

1.1.3 실제 사례를 2가지 시점에서 본다

정의와 자동화의 관계에 대해 실제로 자주 있는 경우를 예로 들어 살펴본다.

애플리케이션 A의 화면에 표시되어 있는 데이터를 애플리케이션 B의 화면에 복사하는 예이다. 애플리케이션 A에 입력되어 있는 고객 데이터의 일부 항목을 애플리케이션 B에 복사하는 조작을 상상해 보기 바란다(그림 1.2).

RPA 이외의 2가지 애플리케이션 소프트웨어를 대상으로 한 처리이다.

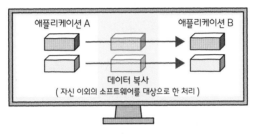

그림 1.2 애플리케이션 간의 데이터 복사

다시 이들 처리가 자동화되는 부분을 살펴보자(그림 1.3).

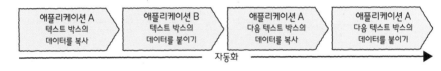

그림 1.3 처리를 자동화

이 처리는 RPA 내부에서는 다음과 같이 정의된다.
• 애플리케이션 A의 텍스트 박스 1의 데이터를 복사
• 애플리케이션 B의 텍스트 박스 1에 데이터를 붙이기
• 애플리케이션 A의 텍스트 박스 2의 데이터를 복사
• 애플리케이션 B의 텍스트 박스 2에 데이터를 붙이기
※복사와 첨부를 일정 규칙하에 반복하는 거라면 루프로 정의한다.

RPA에 의해서 상기의 일련의 처리가 자동화된다.

1.1.4 RPA는 툴이다

1.1.1에서 정의한 마지막 내용에 '툴'이라는 단어에도 유의하기 바란다. 소프트웨어와 시스템이라고 하면 ERP 패키지와 같은 대규모의 것부터 OA 툴과 같은 소규모의 것까지 다양하다. 마찬가지로 RPA에도 개별 데스크톱에서 사용되는 타입부터 업무 프로세스 전체에서 다수의 데스크톱과 서버 양자에서 사용하는 타입 등 다양한 구성의 시스템이 있다.

RPA는 기간 시스템과 같은 역할을 하는 게 아니라 기간 시스템과 기타 업무 시스템의 출력 등의 처리를 외부에서 지원하는 툴이다. 툴이지만 그 규모는 대규모에서 소규모까지 다양하다는 점이다.

RPA는 그림 1.4와 같이 OA 툴, 업무 시스템, 기간 시스템 등을 연결하는 역할을 한다.

업무 시스템　　　　　　　　　　　　　　　　　기간 시스템

OA 툴　　　　　　　　　　　　　　　　　　　OA 툴

RPA에는 대규모에서 소규모까지 다양한 규모가 있다

그림 1.4 RPA는 OA 툴, 업무 시스템, 기간 시스템을 연결하는 역할이 있다

1.1.5 RPA는 어려운 소프트웨어가 아니다

여기까지의 설명으로 RPA의 개요는 이해했을 거라고 본다.

'정의된 처리를 자동으로 실행한다'고 생각하면 어려운 소프트웨어나 시스템은 아니라는 것을 알았을 거라고 생각한다.

본서에서는 이 정의를 전제로 해서 이후의 설명을 이어간다.

1.2 RPA의 효과는 비용 절감 이상

1.2.1 비용 절감과 자원 이행

RPA의 효과에 관해서는 신문, 잡지, 서적, 텔레비전 등 다양한 미디어에서 거론되고 있다. RPA라는 단어도 그 흐름을 타는 형태로 인지되어 왔다.

2017년 9월 이후 일본경제신문 조간에서 대형 금융기관의 RPA 도입 시 경영 전략과 대응이 소개된 점이 크지 않았을까 생각한다.

기사에 따르면 인공지능과 RPA의 도입을 선도적으로 추진하고 있는 대형 금융기관에서는 정형적인 사무 처리 조작을 RPA로 대체해서 인건비를 줄이고 해당 업무를 담당하던 인력을 고객 대응 프런트와 신규 사업 등에 투입할 계획이라고 한다.

1.2.2 숫자로 생각한다

그러면 구체적인 숫자를 예로 들어 비용 절감 효과를 생각해보자.

가령 정형적인 데이터 입력과 확인 업무만을 하고 있는 사람이 있다고 하자. 근무 시간은 일반적인 8시간으로 한다.

그러나 실제로는 하루 내내 데이터를 입력하는 것은 아니다. 데이터 입력을 위한 서류 정리와 운반, 내용 확인, 회의 등 다른 업무도 하고 있다. 따라서 데이터 입력과 확인에 소비하는 시간은 순수하게 5시간에서 6시간 정도로 볼 수 있다.

연봉 3,000만원 가정 시 신입사원이 해당 업무에 5시간을 소비하면 전체 업무 시간의 60% 정도를 차지한다. 기업은 해당 업무를 위해 연간 1,800만 원을 소비하는 셈이다. 해당 업무를 RPA로 자동화할 경우 1,000만원 이내로 처리가 가능하다. 800만 원 이상의 정량적 비용 절감 효과가 있다(참고 : RPA가 아닌 사람의 관리가 필요한 RDA로 대체할 경우 시장 판매가가 200만 원에서 500만 원 사이에서 도입이 가능하기 때문에 최대 1600만 원의 비용 절감도 가능하다). 같은 내용의 데이터 입력과 확인 업무를 중심으로 하고 있는 사람이 여러 명이라면 비용 절감 효과는 절대적이다(그림 1.5).

사람

데이터 입력

RPA

연봉 3,000만 원 신입사원

5시간

3,000만 원×60%=1,800만 원

*2020년 최저시급 8,590원으로 1일 5시간씩 1년간 근무한다고
가정했을 때도 약 1,300만 원 소요된다

연간 라이선스 예 : 1,000만 원

연간 800만 원의 비용 삭감

그림 1.5 비용 절감 이미지

1.2.3 생산성을 높인다

1.1.1의 RPA는 '정의된 처리를 자동으로 실행하는 툴'이라는 단어를 생각
하기 바란다.

정의된 처리를 자동으로 수행한다는 것은 곧 생산성 향상을 의미한다. 생
산성이 향상된다는 것은 노동량과 노동 시간은 그대로인데 생산량이 증대하
는 것을 말한다.

여기에서도 구체적 예를 생각해 보자. 예를 들어 인간이 엑셀 워크시트에
서 5개 필드(셀)의 데이터를 업무 시스템에 복사해서 붙이기해서 입력하고 있
다고 하자.

다시 각각의 작업을 다음과 같이 구체적인 수치로 반영한다.

- 엑셀에서 셀을 복사하는 데 1초
- 업무 시스템 필드에 붙이는 데 2초
- 5항목을 모두 첨부하고 나서 육안으로 확인하고 업무 시스템상에 있는
  등록 커맨드 버튼을 클릭하는 데 10초

1세트를 입력하고 확인하는 데 걸리는 시간은 5개 항목을 합쳐 25초이다.
하루에 몇 시간이나 계속해서 대량의 데이터를 취급하는 거라면 이 정도의
표준 공정이 타당하다고 생각한다.

그런데 RPA를 이용하면 마지막 단계인 육안 확인이 불필요하므로 단시간

에 이들 처리를 실행하는 것이 가능해진다.

RPA를 이용해도 엑셀의 셀 복사와 업무 시스템의 필드에 갖다 붙이기기까지 걸리는 시간은 숙련된 사람이 조작하는 것과 다르지 않다. 그러나 정의된 처리를(정확하고 충실하고 자동으로) 실행하기 위한 이후의 육안 확인은 불필요하다. 이로써 작업 시간을 크게 단축할 수 있다. 따라서 생산성은 확실하게 향상한다(그림 1.6).

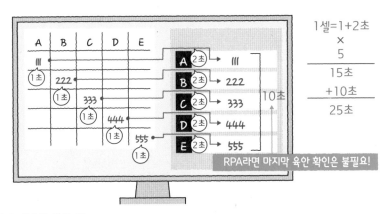

그림 1.6 생산성 향상 예

1.2.4 로봇의 강점

사람의 경우에 피로도와 컨디션 등에 따라서 조작에 필요한 시간이 다른 일이 있지만 소프트웨어인 로봇은 그럴 일이 없다. RPA는 소프트웨어 로봇이기 때문에 피로감을 느끼지 않고 일정한 속도로 정의된 처리를 묵묵히 자동으로 처리한다.

입력과 확인 건수가 대량인 경우와 조작에 소요하는 공정과 시간이 방대한 경우에 RPA는 절대적인 위력을 발휘한다.

1.2.5 업무를 표준화한다

개발자 입장에서 생각하면 이해하기 쉬운데 다양한 컴퓨터 조작을 RPA로 대체하기 위해 처리를 정의하는 것을 상상해보기 바란다.

예를 들면 100의 조작을 대체하려고 한다면 100건을 모두 정의하는 일은 없을 것이다. 따라서 비슷한 조작이 있으면 그대로 유용(流用)해서 정의하

RPA의 기본

면 된다.

　이런 식으로 대응한 결과 100의 조작을 결과적으로 40건으로 집약할 수 있다.

　효율적로 정의를 함으로써 지금까지 손을 대지 못한 단말기의 조작이라는 업무 프로세스의 일부를 구성하는 영역에서도 결과적으로 표준화와 공통화를 추진할 수 있게 된다(그림 1.7).

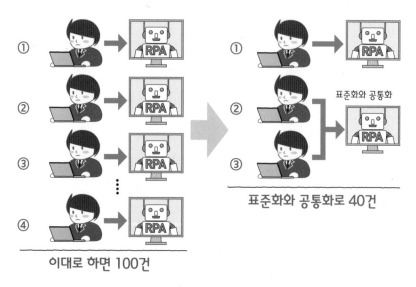

그림 1.7 표준화와 공통화를 추진한다

RPA 부품화는 필수

　표준화와 공통화 이야기를 했지만 시스템 개발에서는 공통의 기능을 부품화해서 유용한다. 이것은 RPA 도입을 검토하기 전에는 어지간해서는 깨닫지 못하지만 개발을 추진하는 과정에서 '유용(流用)'하는 것과 '부품화'의 가치가 얼마나 큰지 이해할 수 있다.

　나중에 설명하겠지만 부품화는 RPA 개발에서 필수이다.

　RPA 제품에서도 부품화를 권장하고 있으며 각각 고유의 이름을 붙여 부품을 관리하고 있다.

1.3 소프트웨어의 물리 구성

RPA의 정의를 확인한 데 이어 다음은 소프트웨어로서의 물리적 구성을 살펴본다. 가장 먼저 틀부터 들어가면 나머지는 쉽게 이해될 것이다.

1.3.1 소프트웨어의 집합체

RPA는 하나의 소프트웨어가 아니라 몇 가지의 역할을 하는 소프트웨어의 집합체이다.

기본적으로는 로봇으로서의 동작을 실행하는 파일과 그 이외에 다음의 4가지 소프트웨어로 구성된다.

- 로봇 파일(스크립트)
- 실행 환경(봇)
- 개발 환경(트레이너)
- 관리 툴(매니저)

각각에 대해 상세하게 살펴본다.

RPA 로봇 파일(스크립트)

RPA의 로봇으로서의 실행 파일이다. 개발자가 개발 환경에서 동작을 정의하고 자동으로 실행할 수 있게 하는 파일이다.

RPA 실행 환경(봇)

로봇 파일 전용 런타임으로 로봇 파일을 실행하기 위한 프로그램이다. 로봇을 동작시키고 싶은 단말기에 로봇 파일과 함께 설치한다.

RPA 개발 환경(트레이너)

제6장에서 상세하게 설명하겠지만 로봇 파일을 작성하기 위한 각 제품 고유의 개발 환경이다.

개발 환경의 상세한 기능과 호칭은 RPA 제품에 따라서 다르지만 큰 시점에서는 대략 같은 기능이 제공되고 있다.

RPA 관리 툴(매니저)

로봇 파일의 가동 개시와 정지 지시, 스케줄, 가동 순서 설정, 진척 상황 확인 등을 이 툴을 통해서 수행한다. 로봇 파일 작성 후 관리 툴에서 설정한다.

정리하면 그림 1.8과 같다.

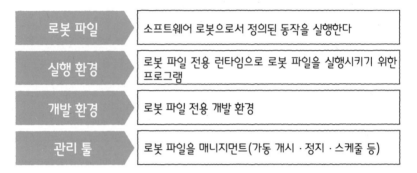

그림 1.8 RPA를 구성하는 4가지 소프트웨어

1.3.2 제품에 따라서 다르다

고기능 제품은 그림 1.8의 4가지를 모두 탑재하고 있지만 제품에 따라서는 로봇 파일과 일부 기능만 있는 제품도 있다. 또한 소규모 제품에는 관리 툴이 없는 제품도 있다.

위의 4가지 관점에서 보면 제품을 비교하기 용이하다.

1.4 RPA의 시스템 구성

1.4.1 2가지 시스템 구성

RPA에는 크게 2가지 시스템 구성이 있다.

하나는 단독 데스크톱 구성으로 개별 컴퓨터에 설치해서 시스템화한다.

또 하나는 서버에 의한 집중 관리를 통해서 워크 그룹으로서 시스템화하는 구성이다.

각각에 대해 자세하게 살펴본다.

1.4.2 단독 데스크톱 구성(RDA)

그림 1.9와 같이 단독 데스크톱에 로봇 파일과 실행 환경을 설치해서 활용한다. 국내에서는 RDA(Robotic Desktop Automation)라는 용어가 보다 보편적으로 사용된다.

그림 1.9 데스크톱에서의 시스템화

한 대여도 여러 대여도 각 로봇 파일은 독립해서 동작한다. 또한 다른 컴퓨터에 개발 환경을 구축해서 로봇 파일을 작성할 필요는 있다.

1.4.3 서버에 의한 집중 관리 구성

서버와 클라이언트 양방에서 활용하며 다시 집중 관리와 서버 클라이언트의 2가지 형태로 나뉜다.

집중 관리

서버에 관리 툴과 복수의 로봇 파일을 배치하고 각 데스크톱에서 가상적으로 서버의 로봇 파일을 호출해서 실행하는 구성이다(그림 1.10).

각 데스크톱이 로봇 파일을 이용하는 경우에 로봇 파일과 실행 환경을 서버에서 취득해서 실행한다. 이른바 가상 데스크톱상의 신 클라이언트와 서버의 관계이다.

이로써 집중 관리가 수행된다. 물론 여기에서도 개발 환경은 필요하다.

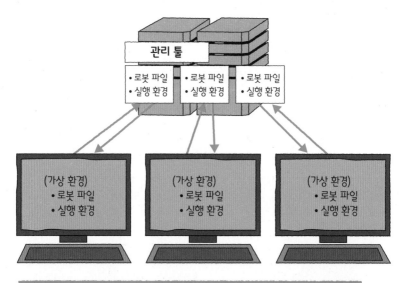

로봇 파일과 실행 환경을 서버에서 취득해서 실행한다

그림 1.10 서버에 의한 집중 관리

서버 클라이언트

서버에 관리 툴을, 각 데스크톱에는 로봇 파일과 실행 환경을 설치하는 구성이다(그림 1.11).

로봇의 동작이 필요한 데스크톱에는 로봇 파일과 실행 환경이 존재하고 서버에는 관리 툴이 존재한다.

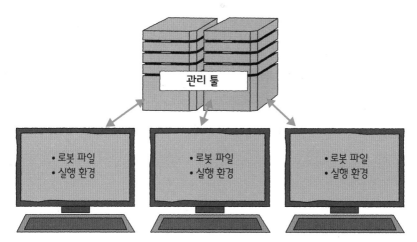

그림 1.11 서버 클라이언트

집중 관리와 서버 클라이언트는 기능적으로는 큰 차이는 없지만 집중 관리는 운용 관리와 시큐리티 정책의 적용 등에서 효과가 있다는 이점이 있다.

신 클라이언트를 도입하는 기업과 단체가 늘어나고 있기 때문에 향후는 가상 환경의 로봇을 서버에 배치하는 시스템이 늘 것으로 상정할 수 있다.

1.5 RPA 이용 장면

1.5.1 RPA 이용 장면

구체적으로는 데이터 입력·수정, 데이터 확인, 데이터 출력, 애플리케이션의 실행 등을 들 수 있다(표 1.1). 모든 작업을 작업자가 판단하고 생각해서 조작·실행하는 작업이 아니라 기계적·정형적 조작이다.

취급하는 데이터와 트랜잭션이 대량이며 같은 내용의 업무를 하고 있는 작업자가 여러 명이라면 큰 효과를 올릴 수 있다.

표 1.1 RPA 이용 장면

조작	개요	예
데이터 입력·수정	• 다른 시스템이나 애플리케이션 등의 데이터를 참조해서 해당 시스템에 데이터를 입력한다 • 입력한 데이터를 개별 또는 일괄 수정·변경한다 등	• 엑셀의 워크시트상에 있는 데이터를 업무 시스템의 입력 화면에 복사하거나 붙인다 • 로직이 명확한 데이터 수정
데이터 확인	입력한 데이터와 다른 데이터를 비교하고 체크한다	이전의 데이터와 신청한 데이터가 일치하는지 체크한다
데이터 출력	상기와 마찬가지로 다른 시스템 경유의 데이터 출력, 인쇄 지시 등	업무 시스템에서 내보내기해서 작성한 파일을 메일로 첨부해서 송신한다
애플리케이션 실행	사람이 하는 것처럼 시스템의 버튼 등을 클릭해서 애플리케이션을 실행한다 등	시스템 화면의 커맨드 버튼을 클릭해서 처리를 실행한다

1.5.2 데이터 입력 예

데이터 입력에 대해서는 RPA는 다양한 상황에서 이용되고 있다.

예를 들면 엑셀 워크시트의 특정 셀에서 값을 복사해서 업무 시스템의 특정 필드에 붙이는 동작 등을 순차 처리하는 예이다(그림 1.12). 왼쪽 엑셀 셀에서 오른쪽 업무 시스템으로 복사한다.

그림 1.12의 왼쪽은 엑셀을 나타낸 것이지만, 어느 업무 시스템에서 다른 업무 시스템으로 복사하는 경우를 상상해도 좋다.

그림 1.12 엑셀에서 업무 시스템으로 복사

1.5.3 데이터 확인

앞서 말한 입력과는 반대로 보이지만, 업무 시스템에 입력한 데이터가 올바른지를 다른 시스템의 데이터나 엑셀 셀 등을 참조해서 값을 비교한다(그림 1.13). 값이 같다면 바르게 입력된 것이다.

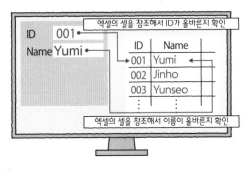

그림 1.13 데이터 확인

사람의 경우는 눈으로 보고 확인해야 하므로 기호와 문자열에 따라서는 정확하게 파악하지 못하는 일이 있다. 물론 기호와 문자열에 대한 확인 방법과 정의는 설계 단계부터 정확하게 기술할 필요가 있다.

여기서는 대표적인 이용 상황으로 데이터 입력과 데이터 확인 예를 들어봤다. 이외에도 ERP 패키지의 데이터 입력에 RPA를 활용하는 경우 등 업무의 세세한 레벨에서는 다양한 경우가 있다.

1.6 이용 장면을 부감해서 본다

1.6.1 업무 시스템의 주변을 RPA화

업무 시스템에 데이터를 입력하는 것을 OA 툴로 보완하는 방법도 있다(그림 1.14). OA 툴을 활용해서 업무 시스템에 입력하는 데이터를 정비하고 효율적으로 입력하기 위해 준비하는 등의 경우이다.

OA 툴을 활용해서 업무 시스템에 입력하는 데이터를 정비

그림 1.14 업무 시스템의 주변을 RPA화

1.6.2 업무 시스템 간을 RPA화

여러 업무 시스템과 기간 시스템 사이에서 작업자가 OA 툴 등을 사용해서 데이터를 입력하는 업무를 RPA화한다(그림 1.15). 작업자가 여러 시스템과 애플리케이션을 동시에 사용해서 가교 역할을 하는 경우이다.

작업자가 OA 툴을 사용해서
데이터 입력 업무를 RPA화

그림 1.15 업무 시스템 간의 조작을 RPA화

1.6.3 시스템화되어 있는 않은 업무를 RPA화

장기간 OA 툴을 이용한 수작업이 중심인데다 업무 시스템이 존재하지 않은 분야에 RPA 도입을 추진하고 있는 기업도 있다. 그러나 지금까지 시스템화되어 있지 않은 영역이다 보니 고유의 어려움이 있다.

개별 고객용으로 청구서를 작성하는 등 오더메이드 대응 업무가 수많이 존재하고 그날그날의 조작이 일정하지 않기 때문에 업무 애플리케이션 설계가 곤란하다는 등의 이유에서 엑셀과 워드 등으로 대용하고 있는 업무이다.

이상으로 업무 시스템의 주변, 업무 시스템 간, 나아가 업무 시스템이 존재하지 않는 부문의 3가지 도입 상황에 대해 살펴봤다.

3가지 업무 모두 효율화의 가능성으로 보면 최후의 영역이라고도 할 수 있지 않을까. 기업이나 단체의 업무 시스템화는 큰 의미에서 목표 가까이까지 도달했으며 이제 이들 영역의 효율화밖에 남아 있지 않지 않다고도 할 수 있다.

1.7 도입 업무에는 순서가 있다

기업이나 단체에서 RPA 도입을 생각할 때 어느 업무부터 도입해야 하는지 일정한 순서가 있다. 가장 먼저 고객에게 미치는 영향이 없는 사내의 가벼운 업무부터 전개하고 다음으로 사내의 루틴 업무로 확대하고, 그 후에 고객 대상의 비즈니스 관련 프로세스로 넓혀간다.

1.7.1 사내의 가벼운 업무

RPA를 이용할 때는 가장 먼저 정보의 공유, 백야드의 일부 사무 처리 업무와 같이 비교적 가벼운 업무부터 도입한다(그림 1.16). 부문이나 조직의 일부에서 도입하는 것이다. 고객 대응 업무는 그 후에 적용한다.

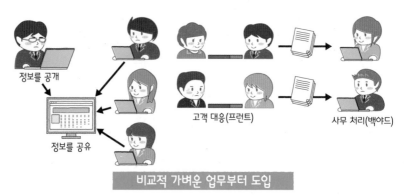

그림 1.16 정보 공유와 백야드의 사무 처리

1.7.2 루틴 업무

다음으로 업무 시스템에의 데이터 입력과 데이터 확인, 서류와 문서 관리 등 기업에서 일상적으로 수행하고 있는 처리에 RPA를 도입한다. 매출과는 직접적으로 관련되지 않은 내부 업무이다.

이때 더 세부적으로 사내에 한정된 시스템 단계와 외부 시스템과 연계하는 단계로 구분하는 일도 있다.

1.7.3 고객용 비즈니스 프로세스

고객과의 거래 프로세스에 RPA를 도입할 때는 수주와 매출 등 돈이나 계약에 관련한 거래 자체의 흐름에 관련하기 때문에 신뢰성이 요구된다.

여기까지 살펴본 순서를 그림으로 나타내면 그림 1.17과 같다. 모든 기업이나 단체가 이 순서를 따르는 것은 아니지만 대략적인 경향이다.

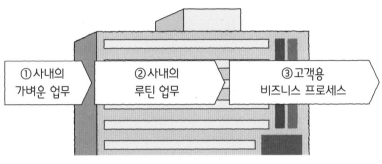

그림 1.17 RPA의 전개 순서

1.8 도입 비용

1.8.1 비교적 저렴한 비용으로 도입이 가능

RPA의 도입 비용은 어느 정도일까. 기본적인 소규모 경우부터 살펴본다. 여기서 거론하는 금액은 대략적인 것이므로 참고 정도로 생각하기 바란다.

작업자 1명의 조작을 대체하는 거라면 연 1,000~1,500만 원 정도이고 소규모 그룹에서 도입하는 거라면 연 수천만 원 정도부터 도입할 수 있다.

RPA 소프트웨어는 기본적으로는 연간 라이선스로 가격이 설정되어 있다. 향후 제품과 서비스가 다양해지고 RPA 제품의 경쟁으로 전체 비용은 조금씩 내려갈 것이다.

▐RPA▐ 여러 명의 업무를 대체한다 (1)

예를 들면 3명의 작업자가 담당하고 있는 데이터의 입력과 확인 등의 업무를 RPA로 대체한다고 하자(그림 1.18). 3대의 개별 데스크톱에 도입한다고 생각하기 바란다.

3명의 업무를 대체할 경우 개발 환경 1대(800~1,000만 원), 실행 환경 3대(500~600만 원)로 대체하면 2,300~2,800만 원에 가능하다(단, 여기서는 솔루션 도입 비용이며, 관리 툴(가장 비쌈) 비용은 배제).

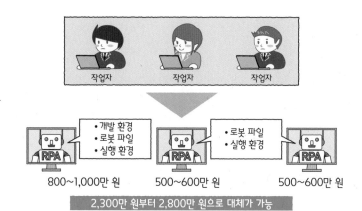

그림 1.18 3인의 작업자 대체(관리 툴 없음)

여러 명의 업무를 대체한다 (2)

인원은 마찬가지로 3명이지만 관리자가 3명을 관리하도록 관리 툴이 3대의 로봇을 집중 관리하는 시스템 구성을 생각해보자(그림 1.19).

이 경우도 일례이지만, 개발 환경과 실행 환경에 서버에 설치하는 관리 툴(1,500만 원)이 더해지기 때문에 합계 총 4,300만 원 이내로 대체 가능하다.

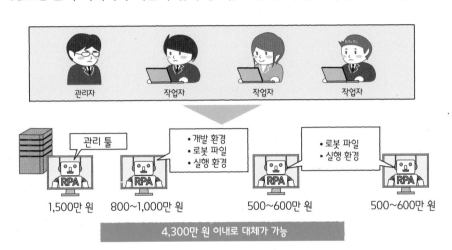

그림 1.19 3명의 작업자를 대체(관리 툴 있음)

1.8.2 내제화하면

위의 2가지 예는 어디까지나 내제한 경우이다. 내제가 아니라 제품 벤더나 SI 벤더에 개발을 의뢰하거나, 현행 업무 흐름과 도입 후의 새로운 업무 흐름의 설계와 전체의 도입 지원 등을 컨설턴트에게 의뢰하는 작업이 추가되면 수천만 원으로는 안 된다.

그래서 현실적으로 고려할 수 있는 외부 파트너를 정리해본다.

- 계획 책정 지원……컨설턴트
- 도입 지원……컨설턴트
- 로봇의 설계·개발……제품 벤더, SI 벤더
- 시스템 전체의 설계·개발……SI 벤더

소규모 업무여도 상황에 따라서는 상기를 포함하는 체제가 된다.

물론 앞에서 든 4가지 역할 모두는 아니지만 자체적으로 추진하고 있는 기업은 확실하게 늘고 있다. 그중에는 시스템 개발 경험이 없는 사람을 대상으로 교육과 실천을 통해서 귀중한 인력 자원으로 육성하고 있는 기업도 있다.

왜 컨설턴트와 벤더가 필요한가 의문이 들 수도 있다. 보충하면 현재의 각 기업에서는 PoC(Proof of Concept: 개념 실증)를 마치면 부문 전체와 복수 부문, 나아가 기업 전체로 확대하는 방식으로 도입하는 것이 주류이다. 때문에 이미 도입을 추진하고 있는 기업은 앞의 전개를 내다보고 계획 책정 단계부터 외부의 파트너를 참가시켜 추진하는 일이 있다.

한편 전사 도입과 대규모 도입에 관해서는 제7장에서 자세하게 설명한다.

1.9 RPA는 업무 효율화의 최후 수단

정보통신기술을 이용한 업무 효율화 대응은 일련의 흐름을 형성하고 있으며 역사로서 이야기할 수 있다.

외부로 내보낼 수 있는 업무는 외부에 의뢰하고 사외에서도 대응 가능한 업무는 사외에서 처리하고 마지막에 온프레미스 방식의 업무는 RPA와 AI 등으로 효율화를 도모한다.

1.9.1 BPO

자사의 업무 프로세스 일부를 지속적으로 외부의 전문 기업에게 위탁하는 것을 BPO(Business Process Outsourcing)라고 한다. 콜센터나 인사 총무 관련 업무 등이 대표적이며 고도의 시스템과 설비 그리고 인재를 보유하고 있는 아웃소스 전문 기업에게 관련 업무를 통째로 위탁한다.

특히 콜센터의 BPO는 1990년대 CRM 시스템의 등장과 2000년대의 IP 전화 서비스 개시 등에 의해서 시장이 확대했다.

콜센터의 업무는 고객의 문의에 대답하는 내용 자체는 기업에 따라서 다르다. 그러나 고객의 전화에 대해 응대하는 큰 틀의 업무 추진 방식은 동일하므로 응답 내용을 정리할 수 있으면 아웃소싱으로 효율화를 도모할 수 있다(그림 1.20).

R P A 의 기본

전화

대응
(응답)

업무 방식은 크게 다르지 않기 때문에 효율화가 가능

그림 1.20 어느 콜센터든 전화에 대응하는 업무 방식은 동일

1.9.2 모바일

모바일은 단말기와 네트워크 인프라의 기술 발전과 보급 확대로 업무가 혁신적으로 효율화했다. 1999년 i모드가 개시되어 휴대전화로도 간단한 업무를 처리할 수 있게 됐다.

그때까지 기업에서는 무거운 전용 휴대용 단말기를 회사 밖에서 이용하고 사내로 돌아와서 데이터를 업로드 및 다운로드했지만 i모드의 등장으로 회사 밖에서도 실시간으로 데이터를 취급할 수 있게 됐다.

또 2008년 이후의 아이폰, 안드로이드 휴대폰의 상륙으로 시장은 더욱 더 확대했다. 2010년 이후의 아이패드, 안드로이드 태블릿 발매가 이 추세에 한층 더 박차를 가했다. 물론 단말기의 발전과 더불어 네트워크 인프라도 발전했다.

모바일 단말기와 솔루션의 진화로 사무실로 돌아가서 실행하던 업무를 외출지나 원격지에서 사내에서와 마찬가지로 실시간으로 처리할 수 있어 업무 효율화를 추진할 수 있었다.

1.9.3 클라우드

업무를 통째로 외부로 내보내는 BPO, 회사 밖에서도 업무 처리가 가능한 모바일을 살펴봤다. 데이터 자체도 외부에 두고 효율화하는 움직임도 가속하고 있다. 바로 클라우드 컴퓨팅(이하 클라우드)이다.

클라우드는 2006년 당시 구글의 CEO였던 에릭 슈미트의 발언이 최초라고 알려져 있다.

범용적인 업무와 데이터 처리를 외부의 시스템을 활용해서 업무의 효율성을 높이고 있다.

1.9.4 업무 패키지

마지막으로 업무 패키지에 의한 효율화 흐름도 살펴본다. 일반론이지만 각종 업무에서 패키지 소프트웨어를 도입해서 효율화를 도모하는 움직임은 1980년대 후반부터 시작됐다. 지금은 가장 친숙한 업무와 시스템의 효율화가 아닐까.

대표적인 것으로 1990년대에 대두한 ERP(Enterprise Resource Planning) 패키지를 들 수 있다.

ERP 패키지는 회계, 총무, 생산, 판매 등 기업의 기간 데이터를 실시간으로 연계하는 처리가 가능하기 때문에 많은 기업에서 도입했으며 업무의 표준화와 리얼타임화에서 큰 효율화를 실현했다.

1.9.5 마지막 영역

지금까지 소개한 효율화를 위해 정보통신기술을 도입한 각 기업에서 남아 있는 온프레미스 업무의 마지막 효율화를 담당하는 것이 RPA이다(그림 1.21).

그림 1.21 RPA는 온프레미스의 마지막 영역

RPA의 설명도 바뀐다

나는 많은 사람들에게 RPA를 이해시키고 기업과 단체에서 활용할 수 있도록 RPA 관련 연재 기사와 서적 등을 집필했다. 그러면서 RPA를 다음과 같이 설명했다.

RPA 지금까지의 정의

RPA는 '소프트웨어인 로봇으로 업무를 효율화하는 툴'이라고 정의했다. 소프트웨어화된 로봇이 단말기에 표시되어 있는 애플리케이션과 업무 시스템을 식별해서 사람과 마찬가지 조작을 실행한다.

RPA RPA의 이미지

사람이 컴퓨터 앞에 앉아 업무를 하고 있다. 업무 중에서 기계적·정형적인 데이터 입력과 확인 업무 등은 로봇으로 대체해서 자동화할 수 있다. 또한 그 로봇을 소프트웨어로 해서 컴퓨터 안에 넣어버렸다. 그러면 사람이 하던 업무의 일부를 소프트웨어인 로봇이 대행한다(그림 1. 22).

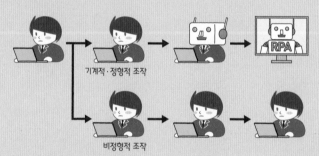

기계적·정형적 조작

비정형적 조작

그림 1.22 로봇이 소프트웨어를 대신한다

기업 등에서 실제로 적용하는 상황을 보면 RPA가 실행하는 것은 기계적·정형적 조작이 많기 때문에 위 그림은 운용 상황을 반영한 설명이다.

RPA 본서의 정의

지금까지의 정의는 1.1에서 설명한 소프트웨어로서의 특징을 베이스로 한 설명과는 다르다.

본서에서는 굳이 지금까지와 다른 정의로 시작했다. 소프트웨어와 정보 시스템에 친숙한 사람이라면 새로운 정의가 와닿을 것이다.

제 2 장

RPA의 동향과 효과

2.1 RPA를 둘러싼 동향

2.1.1 RPA의 시장 규모(한국과 일본)

한국의 RPA 시장 규모는 현재까지 공식화된 데이터는 없다. 2016년 하반기 이후 국내에 RPA가 본격적으로 등장하기 시작하면서 디지털 전환의 첫 단계로 많은 주목을 받았지만, 아직까지 주류 솔루션은 아니라는 인식이 강하기 때문이다.

하지만 RPA 프로젝트의 평균 예산과 공급 업체들의 매출 추정치 등을 확인했을 때 2019년 기준 대략 1,000~1,500억 원 규모로 추정된다. 특히 금융권과 대기업에서 선도적으로 RPA를 도입하고 있는데, 전사적인 도입을 위해 20~30억 원 이상의 예산을 확보하고 있는 기업도 있다.

지난해(2019년) 하반기부터는 공공 부문과 중견기업, 중소기업에서도 RPA 도입이 본격화되고 있고, 정부에서도 RPA 확산을 위해 2020년 93억 원 예산을 투입하는 등 시장 규모는 빠르게 성장하고 있다.

일본의 RPA 시장 규모는 2020년에는 1조엔이 넘는 규모를 형성할 거라고 한다.

대기업 중에는 전사적인 도입을 위해 수십억엔 내지 그 이상의 예산을 확보하고 있는 기업도 있다. 각 업종별 상위 기업이 1사당 수십억엔의 예산을 확보한다고 하면 합계 1조엔은 간단히 넘는다.

또 준대기업, 중견기업, 중소기업으로 이어진다. 도쿄증권 1부 상장 기업이 약 2,000 곳이 1사당 전사 도입에 필요한 투자액을 낮게 잡아 10억엔이라 해도 합계하면 2조엔이 된다(그림 2.1).

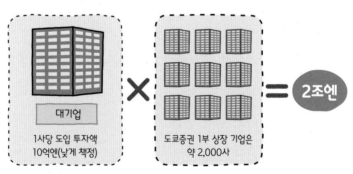

그림 2.1 시장 규모 : 도쿄증권 1부 상장 기업의 단순한 계산 예(일본)

2.1.2 시장·산업 동향

일본 시장에서 RPA의 도입을 견인해온 것은 금융기관이다. 특히 대형 금융기관은 고객과 거래량이 방대하다 보니 업무가 고도로 시스템화되어 있다고는 해도 하루 사무 처리량은 막대하다.

금융기관은 최근 핀테크를 기치로 인공지능, 빅데이터, 블록체인 등의 다양한 디지털 기술과 함께 RPA 연구에 일찍이 대응하여 업무 효율화 및 생산성 향상을 실현하는 동시에 새로운 사업·서비스 개발에 대응해왔다.

금융기관이 RPA 도입에서 선행했지만 대형 제조와 서비스업에서도 도입에 나서고 있으며 공공기관에서도 검토가 진행하고 있다(그림 2.2).

그림 2.2 RPA 도입 상황(일본)

2.1.3 기업 동향

이상으로 업종별 동향을 살펴봤는데, 그렇다면 기업과 단체의 도입과 검토 상황은 어떨까. 자신이 소속한 기업과 단체의 RPA 도입 속도는 빠른지 더딘지 궁금할 것이다. 구체적으로는 다음 4가지 상황으로 나뉜다.

① 전사 도입을 추진하고 있다
② 부문 도입을 추진하고 있다
③ PoC를 하고 있다
④ 향후에 대비해 검토 중이다

현 시점에서는 대형 금융기관인 메가뱅크와 보험회사 등에서 ①의 전사 도입을 추진하고 있는 기업이 있다. 선두 집단에 해당한다.

다음으로 다양한 기업과 단체에서 ②의 부문 도입을 추진하고 있거나 ③ PoC(Proof of Concept)를 하고 있거나 또는 ④ 향후에 대비해 검토 중이다.

기업과 단체는 ③과 ④의 단계에 가장 많은 집단이 속해 있을 것이다. 향후 PoC와 검토 단계인 그룹도 전사와 부문 도입의 그룹에 합류할 것이다.

2.1.4 사회적 요청

RPA 도입은 개별 기업과 단체가 안고 있는 문제를 해결하는 대책일 뿐 아니라 과거부터 산업계를 중심으로 제기되어온 노동력 부족, 노동비 상승, 업무 개혁 실현과 같은 문제 해결에도 도움이 된다(그림 2.3).

구체적으로 말하면 저출산 고령화에 의한 노동력 부족, 물류 업계에서도 화제가 된 인력 부족에 기인하는 노동비 상승, 나아가 업무 개혁의 실현이다.

최근 특히 일하는 방식 혁신을 위한 해결책으로도 주목받고 있다.

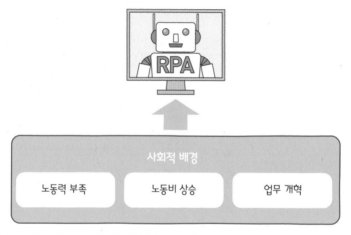

그림 2.3 사회적 문제 해결을 위해 RPA에 거는 기대

2.1.5 일하는 방식 혁신

RPA는 인간의 기계적·정형적 조작을 대행할 수 있으며 인건비보다 확실하게 저렴하다. 또한 단순 업무 해방과 노동 시간 단축 등으로 창조적인 업무로의 이행과 시간에 구애받지 않는 다양한 업무 방식을 실현할 수 있다.

RPA는 사회적인 과제와 요청에 어느 의미에서 부응할 수 있지만 RPA를 도입하면 간단하게 높은 효과를 올릴 수 있을 거라는 인식은 RPA 자체의 능력을 넘는 과도한 기대라고 할 수 있겠다.

2.2 인력 부족도 RPA로 해결할 수 있다

2.2.1 직접적인 해결

RPA는 노동력 부족 문제에 구체적인 해결책을 제시한다. 여기에는 직접적인 해결과 간접적인 해결이 있다.

만약 인력 부족이 1.5에서 설명한 데이터 입력, 수정, 확인 등의 업무에서 발생하는 거라면 사람을 고용하는 게 아니라 RPA를 도입해서 해결할 수 있다(그림 2.4).

사람 한 명을 고용하면 고용보험료를 포함한 월 급여가 든다. 이에 대해 RPA를 도입하는 경우는 한 명의 작업자가 수행하는 조작을 대체하는 수준이라면 최초의 도입비용은 1인 고용했을 때의 2~3개월분에 해당하는 급여에 맞먹는다.

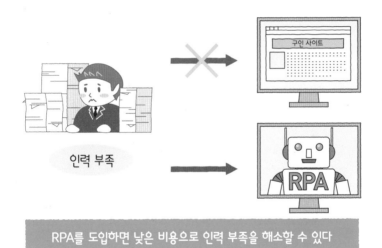

구인 사이트

인력 부족

RPA를 도입하면 낮은 비용으로 인력 부족을 해소할 수 있다

그림 2.4 집적적인 해결 : 구인이 아니라 RPA

직접적으로 RPA에 의해서 해결할 수 있는 인력 부족이라면 구인 광고에 의존하지 않고 RPA를 도입하면 될 것이다. 새로 입사한 사람에게 업무를 가르치듯이 RPA에 구체적인 조작을 정의해서 실행시키면 된다.

방금 전의 예와는 달리 간접적인 대응이지만 데이터의 입력과 확인 등을 담당하고 있는 A씨를 인력이 부족한 현장으로 보내고 A씨 대신 RPA가 근무하는 방법으로도 인력 부족을 해소할 수 있다(그림 2.5).

기업과 조직의 자원 이동의 일환으로 별도 업무를 담당하도록 하고 현재 하던 업무를 RPA에 맡기는 방식을 고려할 수 있다. 그러나 갑자기 생긴 인력 부족을 해결하기 위해 RPA를 활용하는 식의 방식은 아직은 시기상조다.

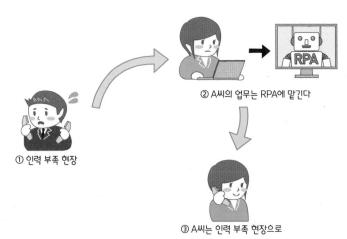

② A씨의 업무는 RPA에 맡긴다

① 인력 부족 현장

③ A씨는 인력 부족 현장으로

그림 2.5 간접적인 해결 : A씨의 업무는 RPA가, A씨는 인력 부족 현장으로

2.3 2020년까지 업무의 7%가 사라진다?

2.3.1 OECD의 예측

일본경제신문은 RPA 관련 기사를 자주 게재하고 있다. 2018년 3월 11일자 조간에는 '업무의 7%가 사라진다?'라는 제목으로 RPA와 일본의 노동 시장에 관한 기사가 게재됐다.

기사에서는 경제협력개발기구(OECD)의 예측을 인용해서 일본의 노동력 인구의 7%가 종사하는 업무가 2020년까지 자동화에 의해 사라지고 더욱이 22%의 업무 내용이 크게 변화할 거라고 소개했다(그림 2.6).

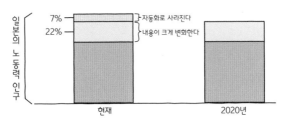

그림 2.6 현재와 2020년의 노동력 인구

또한 일본생산성본부에 따르면 일본의 노동생산성〈일본의 부가가치액(국내 총생산)÷노동자 수〉은 OECD 가맹국 35개국 중 21위에 머문다는 내용도 소개했다. 일본은 세계 각국과 비교하면 아직 생산성을 높일 여지가 있다는 것이다.

2.3.2 인력 재배치

또한 현재는 모든 산업에서 인력이 부족하기 때문에 기계에 업무를 빼앗기는 사태는 표면화되지 않고 있지만 경기가 침체되어 고용이 악화하는 국면을 맞으면 구인은 부가가치가 높은 업무에 집중하게 된다고도 설명했다.

일본의 일반 사무직은 2018년 1월의 유효 구인 배율(파트타임 포함)이 0.41배로 공급 과잉이고 개발 기술자는 2.38배, 정보처리·통신기술자는 2.63배의 수치를 보이고 있으며 후자와 같은 구인 배율이 높은 분야에 인력이 배치되어야 한다고도 기술하고 있다(그림 2.7).

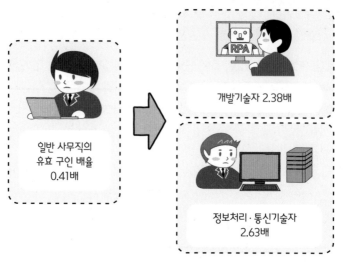

그림 2.7 구인 배율이 높은 업무로 이행

　이처럼 인적 자원의 재배치와 노동 생산성을 높여서 국제 경쟁에서 이기기 위해서라도 RPA와 AI 등의 활용은 빼놓을 수 없다.

　작금의 산업계, 나아가 개별 기업과 조직 역시 마찬가지라고 할 수 있다.

2.4 기업이 RPA를 도입하는 목적

방금 전의 유효 구인 배율 등의 숫자에서도 나타난 것처럼 부가가치가 높은 업무에 노동력 전체가 옮겨갈 거라는 방향성을 소개했다.

각 기업이 어떤 목적으로 RPA를 도입하고 있는지 정리한다.

2.4.1 RPA 도입 전략

RPA 도입 전략은 대략 표 2.1의 4가지로 분류된다.

표 2.1 4가지 도입 전략

도입 전략	개요
인적 자원 이동	업무의 효율화를 추진해서 효율화가 진행한 업무부터 고객 대응 업무로 인재를 이동시킨다
매출 확대	처리 시간과 프로세스 단축으로 처리량을 늘림으로써 매출 증가로 이어간다
비용 절감	업무 자동화 및 효율화를 추진해서 업무에 종사하는 인원을 삭감한다
글로벌 표준화	도입을 통해 업무 유닛화가 진행하고 글로벌 기업이라도 업무 표준화가 추진되고 있다

필자가 다양한 기업의 대응 상황을 살펴본 결과 상기의 전략 중에서는 인적 자원 이동이 RPA의 도입 전략으로 가장 많았다.

2.4.2 RPA 도입 전략 예

2017년 11월 15일 일본경제신문 조간에서는 미즈호파이낸셜그룹, 미쓰비시UFJ파이낸셜 그룹, 미쓰이스미토모파이낸셜그룹의 금융기관 그룹이 RPA를 도입해서 수천 명 이상의 업무량을 줄이고 남는 인력은 다른 업무에 충당한다고 보도했다. 다른 업무의 구체적인 예는 부유층 대상의 운용 상담 담당자 등을 들었다.

2.3에서 일반 사무직에서 개발기술자와 정보처리·통신기술자로 이행한다고 말했는데, 이 예에서는 일반 사무직에서 운용 컨설턴트로 이행한 사례가 제시되었다.

이어서 2017년 12월 29일의 일본경제신문 조간에서는 대형 생명보험·손해보험에서 AI 및 RPA를 활용한 업무의 재검토가 진행되고 있다고 소개하고 있다. 대형 보험업계 각사는 AI와 RPA를 활용해서 현재 사무의 몇 퍼센트를 삭감하겠다는 전략을 세우고 남는 인력을 신규 분야에 투입한다는 계획이다. 이 사례는 일반 사무직에서 신규 분야로 이행한 사례를 나타내고 있다. 업종과 업계에 따라서 이행 분야는 다르지만 RPA를 활용해서 사무를 대상으로 업무량을 삭감하는 것은 공통된 대응이다.

OECD는 2020년까지 7% 삭감을 제시했다. 전 산업계에서 이러한 대응이 진행한다면 7%를 훨씬 넘는 수치를 실현할 것이다.

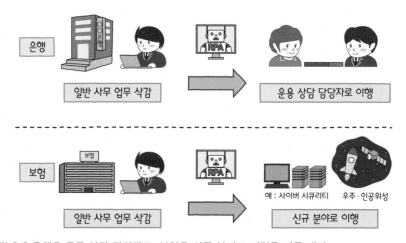

그림 2.8 은행은 운용 상담 담당자로, 보험은 신규 분야로 인력을 이동 배치

●자원 이동만은 아니다

자원 이동을 예로 들어 설명했지만 처리량 증가에 의한 매출 확대, 인원 삭감에 의한 비용 삭감 그리고 업무의 표준화를 지향하는 기업도 있다.

어느 도입 전략을 선택하든 정의된 처리를 실행하는 것과 자동화에 의한 효과라는 것은 분명하다.

2.5 RPA의 도입으로 생산성이 배가 되는 기업과 조직

2.5.1 백야드의 사무 처리

사무 처리가 대량이고 데이터의 입력과 같은 기계적·정형적인 컴퓨터 조작 비중이 높은 업무가 대다수를 차지하는 직장에서는 RPA의 도입으로 큰 효율화와 생산성 향상을 기대할 수 있다. 예를 들면 서류를 토대로 한 데이터 입력이 많은 백야드 관리 등의 업무와 각종 데이터 입력과 참조 등을 처리하는 업무이다(그림 2.9). 개인 고객용 서비스에서 대량의 데이터 입력이 수반하는 직장 등에서는 생산성이 배가 되는 일도 있다.

프런트   대량의 서류   여러 명의 작업자
(백야드 업무)   대량의 데이터

매일 반복된다

RPA의 도입으로 효율화와 생산성 향상을 기대할 수 있다

그림 2.9 백야드의 업무는 RPA의 도입으로 생산성이 배가 되는 일도 있다

생산성이 대폭 향상되는 기업과 조직은 다음의 점이 공통된다.

- 기계적·정형적 시스템의 조작
- 대량의 데이터
- 여러 명의 작업자
- 같은 업무를 매일 반복
- 개인 고객용 업무가 많다

위의 조건에 부합한다면 데이터의 입력과 확인에 관여하는 사람도 상당한 수에 달하므로 투자 가치가 높다.

주택 대출 등의 개인 대출은 금융기관이 주력하고 있는 서비스 중 하나이다. 일반적으로 가신청, 가심사, 정식 신청, 정식 심사, 대출 계약, 실행의 절차로 진행된다.

가신청부터 융자 실행까지 1개월 전후 걸린다고 한다. 실행까지의 기간이 길면 고객이 다른 금융기관으로 가버릴 가능성도 있다. 또한 기간을 단축할 수 있으면 보다 많은 계약을 할 수 있기 때문에 금융기관은 대출 실행까지의 기간을 단축하려고 하고 있다.

가심사에서는 고객은 직업, 연령, 물건(物件) 등의 기본 정보를 제공하고 심사를 받는다. 가심사에서 통과되면 정식 신청과 심사로 넘어간다.

경험이 있는 사람은 알겠지만 정식 신청에서는 신청서에 추가해서 부동산의 저당권 설정, 단체 신용·생명보험 신청서, 이용 확인서 등 많은 서류를 작성한다. 또한 부동산 매매 계약서와 등기부 등본을 비롯한 각종 부동산 물건의 자료, 원천징수영수증, 인감증명서 등과 같이 제출할 서류도 산더미다.

이들 서류의 카테고리별로 시스템이 여럿 있다 보니 같은 내용의 데이터를 입력, 확인, 이행·연계하는 업무가 반복되고 있다.

RPA를 활용할 수 있는 조작 예로는 다음의 업무를 들 수 있다.

- 데이터 입력
- 데이터 확인
- 타 시스템으로 데이터 이관
- 타 시스템의 데이터 참조

주택 대출 업무와 시스템은 그림 2.10과 같이 정리할 수 있다. OCR의 도입으로 조기에 데이터화하면 RPA의 도입도 추진하기가 수월하다.

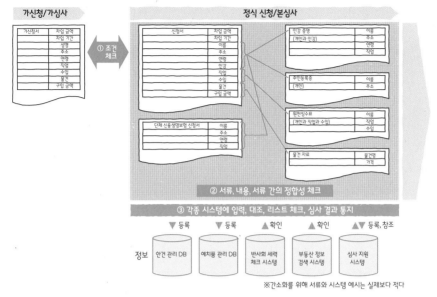

그림 2.10 주택 대출 업무와 시스템 현황

가심사에서 기본 정보에 대한 심사가 통과하면 본심사로 넘어간다.

본심사에서는 대출 안건으로서의 관리에 들어가는 동시에 중요 서류 등의 예치품 관리, 반사회적 세력의 리스크 조사, 부동산 물건의 재확인, 각 심사 항목을 통합한 심사 지원 등 다수의 시스템 조작이 동시에 진행된다(그림 2.11).

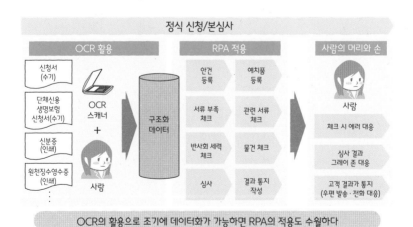

그림 2.11 주택 대출 심사 업무의 RPA화

R P A 의 동향과 효과

그림 2.11에서는 각종 데이터와 각 시스템을 사람이 조작해서 가교 역할을 하고 있는 모습이다.

이 작업에 OCR과 RPA를 도입하면 크게 효율을 높일 수 있다. OCR을 활용해서 각종 서류를 데이터화해 구조화한 데이터를 만들어낸다. 현재는 사람이 하고 있는 가교를 RPA를 활용해서 구조화된 데이터에서 각 시스템으로 데이터 입력과 참조가 자동으로 수행된다. 이로써 사람의 머리와 손으로 수행하는 조작과 업무는 에러 대응, 그레이 존 대응 등의 일부에 한정된다.

2.5.3 주택 대출이 차지하는 비중

참고로 주택 대출 업무와 시스템을 살펴봤다.

주택 대출 업무가 제공하고 있는 여러 가지 서비스 중 하나인 기업이라면 주택 대출에서 RPA화를 추진해도 기업 전체에서 생산성을 배로 올리는 것은 어려울 것이다.

그러나 주택 대출을 기간 서비스로 제공하고 있는 기업이라면 그림 2.11에서도 상상할 수 있듯이 생산성을 배로 올릴 수도 있다. OCR과 함께 도입하면 한층 더 효과적이다.

주택 대출을 비롯한 개인 대출의 사무 현장에서는 단계적으로 RPA의 도입이 진행하고 있다. 실제로 도입한 곳에서는 모두 큰 효율화와 생산성 향상을 달성하고 있다.

2.6 RPA 효과의 진실

RPA를 도입하면 대단한 효과를 올릴 수 있다고 소개되는 일이 종종 있다. 신문, 잡지, 서적 등의 미디어에서 50%의 업무 효율화가 가능하다, 150%의 생산성 향상을 실현했다는 등 구체적인 기업명과 성과 수치가 발표되는 예도 있다. 사례에 따라서는 그 이상의 수치가 제시되는 일도 있다.

확실히 50%와 150%를 넘으면 상당히 큰 효과라고 많은 사람이 인정하는 수치가 아닐까.

비용 삭감, 업무 효율화, 생산성 향상 등 거론되는 효과는 다양한데, 이쯤에서 정리를 하고 넘어가자.

2.6.1 RPA 도입 효과의 진실

다음의 효과가 어우러져야 제대로 된 도입 효과를 얻을 수 있다(그림 2.12).

① RPA 소프트웨어의 특성에 의한 효과
② 로봇 파일의 설계 노하우에 의한 효과
③ 시스템 전체의 효과
④ 도입 활동에 의한 효과

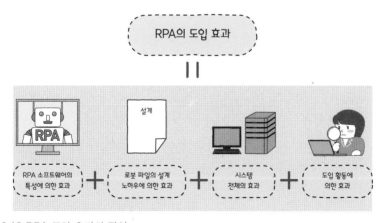

그림 2.12 RPA 도입 효과의 진실

실은 ①의 RPA 소프트웨어 자체보다 ②,③의 시스템적인 효과와 ④의 도입 활동에 의한 효과가 성과 면에서는 크다.

필자도 다양한 미디어를 통해 RPA의 효과를 소개했지만 지금까지는 이들 효과를 구분하지 않고 말했다. 그러나 본서에서는 RPA의 구조를 베이스로 해서 풀어가는 만큼 ①~④를 정리한 후에 RPA의 효과를 해설하려고 한다.

일례로 RPA 자체를 요리의 재료라고 가정하고 로봇 파일의 설계·개발 단계에서 어떤 요리를 만들고 코스 요리는 어떻게 구성할지, 또한 도입 활동은 레스토랑의 서비스 시점에서 생각해 보는 건 어떨까(그림 2.13).

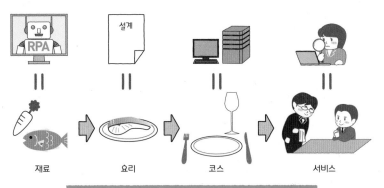

각각을 구분해서 요리하는 것이 중요하다

그림 2.13 재료, 요리, 코스, 서비스의 시점에서 생각한다

그러면 ①~④에 대해 자세하게 살펴본다.

2.6.2 RPA 소프트웨어의 특성에 의한 효과

1.1.1에서 RPA는 개발자에 따라서 정의된 동작을 자동으로 실행하는 툴이라고 설명했다. 정의된 대로 실행된다면 오류 자체는 없다. 고품질의 작업으로 이후의 재검토와 확인은 불필요하다.

또한 자동 실행에 의해 입력과 확인 등 조작량에 따라서는 사람이 조작하는 것보다 확실하게 빠르다.

상기의 소프트웨어가 가진 2가지 특성은 모두 효율화와 생산성 향상에 직접적으로 이어진다. 또한 도입비용이 인건비보다 낮은 경우에는 비용 삭감 효과도 있다.

RPA 소프트웨어의 특성에 의한 효과를 편의적으로 1차 효과라고 부른다
(그림 2.14).

그림 2.14 1차 효과 : RPA 소프트웨어의 특성에 의한 효과

2.6.3 로봇 파일의 설계 노하우에 의한 효과

정의한 대로 자동 실행하는 특성을 전제로 해서 루프와 같은 반복 처리를
설계해서 구현하고, 사람이 쉬고 있는 시간에 스케줄링해서 처리를 실행하는
등 효율화와 생산성 향상에 공헌하는 수치적인 효과는 더욱 더 크다.

동작의 반복과 실행 타이밍의 스케줄링 방법을 결정하는 데는 로봇 파일
설계자와 개발자의 노하우가 활용된다.

또한 부품화를 의식해서 설계·개발을 추진할 수 있으면 도입 활동에 의한
표준화 등 새로운 부가가치를 창출할 수도 있다.

표준화를 다른 업무에 적용하거나 전사적으로 확대하게 된다면 한층 더 큰
효과를 기대할 수 있다. 로봇 파일의 설계에 의한 효과를 2차 효과라고 한다
(그림 2.15).

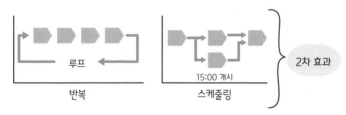

그림 2.15 2차 효과 : 로봇 파일의 설계 노하우에 의한 효과

시스템 전체의 효과

개별 단말기의 업무를 대체하고 워크그룹으로서 서버와 클라이언트에서 생각하고 가상 환경에 의해 부문 전체에서 사용할 수 있는 시스템으로 구축하는 방법 등은 2차 효과와 아울러 검토되어야 한다.

신청서 등의 장표를 기점으로 처리되는 사무 업무에서는 RPA뿐 아니라 OCR도 아울러 도입하는 것이 보편적이다. 일부에서는 이미 AI를 도입하는 움직임도 보인다.

자세한 내용은 제4장에서 설명하겠지만 RPA와 OCR 등을 조합하면 시스템 전체에서 큰 효과를 창출한다. 시스템 전체의 효과를 3차 효과라고 한다 (그림 2.16).

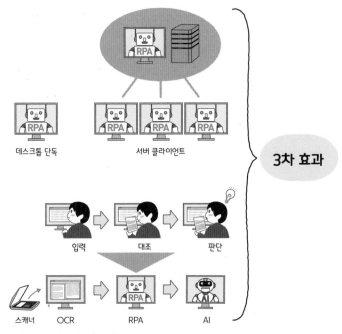

그림 2.16 3차 효과:시스템 전체의 효과

그림 2.16의 아래는 데이터 입력·확인·판단으로 이루어지는 프로세스를 OCR·RPA·AI로 대체하는 예이다.

2.6.5 도입 활동에 의한 효과

RPA의 도입을 검토할 때 대상 업무와 컴퓨터나 서버에서의 조작을 가시화해서 실제로 도입할 수 있는 부분과 그렇지 않은 부분을 구분한다.

이러한 활동에 의해 처리량이 많은 업무와 정형적인 반복으로 시간을 요하는 업무 등 확실하게 효과를 올릴 수 있는 영역을 대상으로 도입을 추진할 수 있다.

또한 가시화와 업무 분석을 추진하는 가운데 업무나 조작 효율도 개선된다. 이처럼 도입 활동에 의한 효과를 4차 효과라고 한다(그림 2.17). 상세한 것은 9장에서 설명한다.

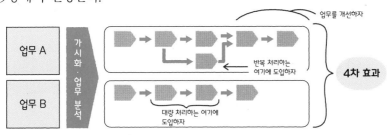

그림 2.17 4차 효과:도입 활동에 의한 효과

2.6.6 효과의 관계

여기까지 정리한 1차부터 4차까지의 효과를 살펴보면 RPA의 효과라는 것은 1차부터 4차까지의 효과를 합한 것임을 알 수 있다(그림 2.18).

4가지 효과를 뒷받침하는 활동으로 최적화를 도모할 수 있으면 50%의 효율화와 150%의 생산성 향상도 꿈은 아닐 것이다.

그림 2.18 1차부터 4차의 효과로 전체의 효과는 구성된다

정리하면 RPA 도입 효과는 다음 4가지로 구성된다.

- 해당 업무에 도입을 결정하고 도입한 결과 얻어진 효과
- 대상 업무에 RPA와 OCR 등의 최적 시스템을 도입하는 효과
- RPA 설계 개발 단계에서 개발자의 노하우에 의한 효과
- RPA 자체가 갖고 있는 정의된 처리를 자동으로 실행하는 효과

그림 2.18에서 4차와 3차 효과가 2차와 1차 효과보다 큰 것을 알 수 있다.

2.6.7 효과의 무조건 맹신에 주의

RPA의 효과를 대단하다고 받아들이는 것은 기쁜 일이다. 그러나 지금까지 설명에서 확인한 바와 같이 RPA 자체만으로는 효과가 그다지 크지 않다. 오히려 효과에 차지하는 비율은 도입을 위한 활동이 더 클지 모른다.

따라서 단순히 RPA라는 소프트웨어 자체를 도입한다고 해서 극적인 효과를 얻을 수 있는 것은 아니므로 주의해야 한다. 도입 활동과 시스템 전체에서 대응할 때 비로소 큰 효과를 얻을 수 있다.

2.7 효과는 불안을 능가한다

선행 기업이 도입을 앞두고 어떤 점에 불안을 느꼈는지에 대해서도 확인한다. 크게는 다음 4가지 사항으로 집약된다.

- 계획한 대로 움직이지 않아서 업무가 제대로 돌아가지 않는다면?
- 로봇의 폭주와 방치 등에 대응
- 사람이 없어도 괜찮은가?
- 업무 변경과 추가에 대한 메인티넌스

각각에 대해 자세하게 설명한다.

2.7.1 계획한 대로 움직이지 않아서 업무가 제대로 돌아가지 않는다면?

RPA뿐 아니라 새로운 기술을 도입할 때 갖는 공통된 고민이다. 사람의 조작을 RPA에 대행시키는 것이므로 당연한 일이다.

이에 대한 불안은 2.6에서 설명한 1차 효과와 표리일체되는 내용이다. RPA 자체를 학습하거나 PoC로 실제로 경험해보고 도입 가부를 파악하거나 소프트웨어 특성을 이해하는 방법으로 대처한다.

2.7.2 로봇의 폭주와 방치 등에 대응

인공지능을 둘러싸고 예정한 활용 영역을 넘어 폭주하지 않을까 하는 우려가 이전부터 제기됐다.

RPA에 대해서도 마찬가지의 불안감을 가진 사람이 있다. RPA는 1.1에서 설명한 바와 같이 정의된 처리를 실행하는 소프트웨어이다. 따라서 정의에 오류가 없으면 폭주할 일은 없다. 2.6에서 설명한 2차 효과와 표리일체되는 내용이다.

한편 엔드유저가 작성한 것을 공개하지 않은 로봇 등은 나중에 방치되는 일도 있을 수 있으니 로봇 파일 가동 후의 파일을 수시로 관리할 필요가 있다. 시스템의 운용이라는 관점에서 3차 효과로 이어진다. 조심해야 할 것은 사용자가 독자로 작성한 로봇을 어떻게 하는가이다. 적어도 어느 단말기에 어떤 로봇이 존재하는지는 조직에서 공유할 수 있도록 해야 한다.

로봇의 폭주

방치된 로봇

정의에 차이가 없으면 방지할 수 있다

로봇 파일 가동 후의 파일을 수시로 관리한다

그림 2.19 로봇의 폭주와 방치

그림 2.19와 같이 폭주하는 로봇은 누구라도 바로 알 수 있지만 방치된 로봇은 아무도 알아차리지 못하는 슬픈 존재이다.

2.7.3 사람이 없어도 괜찮은가?

도입 초반에 RPA로 대체하는 게 아니라 해당 업무 담당자가 시스템 곁에 대기하고 있는 것이 보통이다. 도입이 진행하면 담당자가 없어도 된다.

설계·개발에도 관계되지만 시스템 개발 및 운용 전체의 대책을 취할 필요가 있다. 에러 시의 대응 방법을 시스템에 내장하고, RPA의 조작과 도입 이전의 조작을 도큐먼트화해서 공유하는 등의 대응으로 RPA가 예기치 않게 정지해도 대응할 수 있게 한다.

2.7.4 업무 변경과 추가에 대한 메인티넌스

가동 후에 로봇 파일의 동작을 변경하거나 법령 대응에 따른 업무 변경으로 로봇 파일을 변경 또는 시리즈 상품 추가로 로봇을 추가해야 하는 등의 니즈가 있다.

이러한 니즈 모두에 대응하는 것은 곤란하다. 따라서 도입 활동을 하는 중간중간 업무 변경과 추가 빈도를 파악한다.

또한 이들 니즈에 대응하기 위해 메인티넌스 담당자와 담당 부문을 미리 정해둘 필요가 있다.

선행 기업이 염려했던 사항은 2.6에서 설명한 도입 효과를 올리기 위한 일련의 활동과 같은 내용이다.

각각의 활동을 면밀하게 수행할 수 있으면 불안과 우려를 극복할 수 있다.

2.8 RDA란

2.8.1 RDA와 RPA의 차이

RPA라는 단어와는 별도로 RDA라는 단어도 있다.

RDA는 Robotic Desktop Automation의 약칭으로 데스크톱의 자동화이므로 단독 컴퓨터의 자동화와 그것을 조작하는 사람의 업무 자동화를 가리킨다.

이에 대해 RPA는 프로세스의 자동화이다. 업무 프로세스 전체의 자동화를 가리키는 의미로 RDA와 구분해서 사용하는 일도 있다.

RDA는 개인용, RPA는 조직용이라고도 할 수 있다.

그 외에 단순하게 물리적으로 나누어 데스크톱 측에서 동작하는 것을 RDA, 서버 측을 RPA라고도 한다.

둘의 구분을 다시 확인한다(그림 2.20).

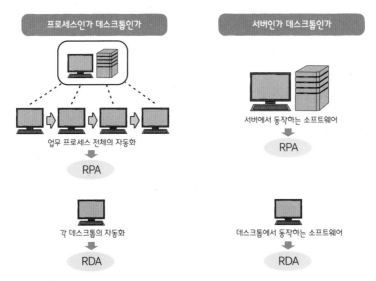

그림 2.20 프로세스인가 데스크톱인가, 서버인가 데스크톱인가

RPA 소프트웨어의 사용 구분

RPA 데이터베이스 예

이미 RPA의 도입을 추진하고 있는 기업은 하나의 RPA 소프트웨어만을 사용하고 있는 게 아니라 복수의 소프트웨어를 구분해서 사용한다.

데이터베이스를 예로 들어 생각한다.

그림 2.21과 같이 Oracle, SQL Server 등을 기간과 부문의 데이터베이스로 사용하고 있는 기업은 많을 것이다. 그러면 부문 내 소규모 워크그룹과 개인이 데이터베이스를 사용하는 경우에는 어떨까.

유연한 변경이 필요하고 견고성은 크게 요구되지 않다는 이유에서 제대로 다룰 줄 아는 사람이 많은 Access를 사용하는 일이 많다.

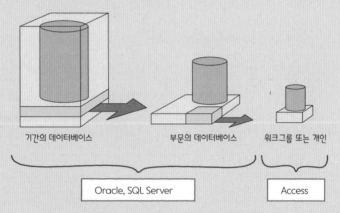

| 기간의 데이터베이스 | 부문의 데이터베이스 | 워크그룹 또는 개인 |

| Oracle, SQL Server | Access |

그림 2.21 데이터베이스의 사용 구분 : 기간, 부문, 워크그룹 또는 개인

RPA RPA의 경우

실은 RPA의 경우도 마찬가지로 구분해서 사용이 진행하고 있다.

업무의 일부와 개인을 대상으로 한 RDA가 주류이고 업무 전체 등의 규모가 되면 대규모 업무에 대응 가능한 RPA를 선택하는 식이다.

그림 2.21로 말하면 Access의 위치에 RDA가 들어가고 Oracle과 SQL 부분에 RPA가 들어간다. 따라서 활용하는 RPA 제품은 여러 개가 된다.

제 3 장

RPA의 제품 지식

3.1 RPA 관련 비즈니스

정보 시스템 부문이나 개발자의 입장이 되면 RPA와 같은 새로운 기술을 어떻게 배울 것인가, 도입에는 대략 어느 정도의 작업과 비용이 필요한지는 사전에 확인해야 할 항목이다. 이들 항목은 RPA 벤더가 어떠한 서비스를 제공하고 있는지를 보면 쉽게 이해할 수 있다.

서비스는 제품 판매, 연수, 인정 자격, 컨설팅, 시스템 구축, 기술 서포트 등으로 구성된다.

3.1.1 제품 판매

소프트웨어의 판매 및 사용 계약이다. 기본적으로는 연 단위의 라이선스 형태로 이루어진다. 예를 들면 데스크톱용 개발 환경과 실행 환경을 묶어서 1라이선스에 500만 원이다. 일부 매립식 제품도 있다.

대략적인 계산이지만 1.2.2에서 설명한 데이터 입력·확인 업무에서 제 수당을 포함해서 연간 1,800만 원에 상당하는 인건비가 실행 환경만 갖춘 RPA라면 400~500만 원으로 대체할 수 있다(그림 3.1).

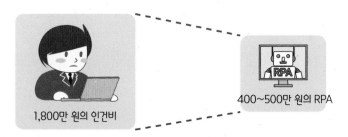

1,800만 원의 인건비

400~500만 원의 RPA

그림 3.1 인건비와 RPA 제품의 가격

개발 환경을 제외한 실행 환경이 인건비의 12분의 1 정도면 개인적으로는 타당한 가격 설정이 아닐까 생각한다. 기능이 다양한 제품은 가격이 비싸고 기능이 한정되어 있는 제품은 비교적 저렴하다. 또한 혼자서 일하는 타입보다 관리자의 지시도 받을 수 있는 타입이 가격이 비싼 등 일반적으로 자질이 높은 인재의 인건비가 비싼 것과 마찬가지로 생각하면 된다.

3.1.2 RPA 연수

제품 벤더 및 파트너 기업이 제공하는 제품의 연수이다. 집합 연수의 형식이 대부분이고 다양한 기업과 단체의 사람들이 참가하고 있다. 필자도 참가한 적이 있지만 혼자 공부하는 것보다 훨씬 효율적으로 배울 수 있다.

연수에서는 강사에게 직접 질문할 수 있으므로 그 자리에서 궁금한 점도 해결할 수 있다. 연수 기간은 수시간에서 긴 경우는 2주일 정도인 것도 있다. 비용은 각각이지만 그 나름의 가격이 설정되어 있다.

연수에 따라서는 기간 한정의 트레이닝용 소프트웨어 라이선스 등이 딸려 있는 타입도 있으므로 연수 후에 복습을 하거나 동료에게 설명할 때 활용할 수 있다.

일정 외의 조건이 있기 때문에 사전에 상세한 내용을 확인해 두기 바란다.

3.1.3 RPA 인정 자격

마이크로소프트, 시스코, 오라클, SAP 등에서는 기술자로서의 전문적인 지식을 갖고 있는 것을 증명하기 위해 인정 자격(서티피케이트)을 취득해야 한다. 이와 마찬가지로 RPA 제품도 각사 독자의 인정 제도가 있다(표 3.1). 자격의 명칭도 제각각이다.

전문적으로 대응할 거라면 자격을 취득하는 것이 좋다.

표 3.1 인정 자격 예

제품	인정 자격 명칭(예)
Automation Anywhere	Advanced e-learning course on Robotic Process Automation
Kofax Kapow	Kofax Technical Solutions Specialist
Pega	Certified System Architect
UiPath	RPA Developer Foundation Diplomat
WinActor	어소시에이트, 엑스퍼트

현재의 주류는 연수 내지 독학 후에 온라인 시험에 합격하면 인정되는 방식이다(그림 3.2). 인정받으면 자격자 ID가 부여된다. 인정자를 필요로 하는 기업과 단체에 유자격자 ID를 제시해서 스킬을 증명할 수 있다.

수험과 인정증 발행에 비용이 필요한 경우도 있으므로 상세한 것은 개별로 확인하기 바란다.

벤더 입장에서 얘기하자면 해외에서는 RPA 시스템의 도입을 지원하는 상담자로 자격증이 있는 사람을 원하는 경우가 늘고 있다.

가까운 장래에 자격자가 없으면 제안과 입찰이 불가능한 상황이 될지 모른다.

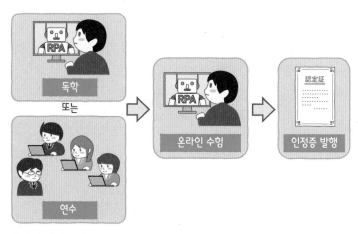

그림 3.2 온라인 인정 시험

3.1.4 도입 지원 컨설팅

실제로 업무에 처음 RPA를 도입할 때는 불안을 느낄 거라고 생각한다. 더욱이 회사 전체에 도입하는 상황이라면 더 그렇다.

때문에 도입에 관한 경험과 지견을 갖춘 인재의 서포트를 검토하는 것은 필수라고 생각한다.

이런 상황에 대응하기 위해 제품 벤더, IT 벤더, 컨설팅 펌 등은 도입 지원에 관한 컨설팅을 제공하고 있다. 컨설팅은 도입 규모와 기간에 따라서 제공하는 지원 내용과 성과물이 변동한다. '이 정도'라고 구체적인 금액을 전달하는 것은 어렵지만 합당한 금액이 설정된다.

Rᴘᴀ 2가지 컨설팅

RPA 도입과 관련해서는 컨설턴트의 존재가 보편화되고 있다.

컨설팅에는 크게 2가지 종류가 있다.

① 업무와 RPA 시스템 위주의 컨설팅

RPA 도입 컨설팅이라고 불러도 좋을 것이다. 제공되는 서비스에는 다음과 같은 것이 있다.

- RPA를 도입하는 업무 선정
- 현행 업무의 가시화와 업무 플로 작성
- 도입 후의 업무 플로 작성과 효과 검증
- RPA 소프트웨어 선정 지원
- 도입 지원

② 경영 시점에서의 컨설팅

경영과 전사라는 관점에서 수행하는 컨설팅이다. 제공되는 서비스에는 다음과 같은 것이 있다.

- 도입 전략과 전체 계획의 책정
- 경영 시책 관점에서의 효과 검증
- 프로젝트 매니지먼트 오피스로서의 전사 도입 매니지먼트

업무와 경영 시점의 컨설팅으로 나누었지만 이후에 해설하는 기술 서포트를 보다 강화해서 기술 컨설팅으로 보이는 경우도 있다. 다만 이것은 제품 벤더 고유의 서비스가 된다.

업무 컨설팅은 대상 업무와 RPA 도입에 관한 성과물이 중심이고, 경영 컨설팅은 전략과 전체 계획 책정, 매니지먼트가 중심이다.

3.1.5 기술자 파견, 기술 지원

컨설팅에 포함되는 경우도 있지만 도입 과정 전반이라기보다 기술적 관점에서 필요한 타이밍에 기술자를 파견하고 기술자가 QA에 대응하는 등의 소프트웨어와 시스템 개발에 특화한 서비스이다(그림 3.3).

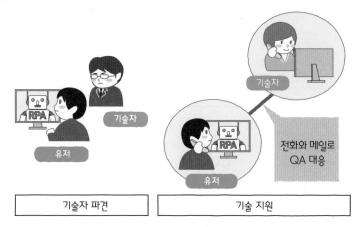

RPA 소프트웨어와 로봇 파일의 개발에 익숙하지 않은 경우는 기술자를 파견하여 대응하고 어느 정도 습득한 상태라면 전화와 메일로 해결할 수 있을 것이다. 다만 기술자를 파견하는 일수와 QA 서포트 기간이 정해져 있으므로 사전에 확인하기 바란다.

RPA에 관련된 주요 비즈니스를 소개했다. RPA 벤더와 제휴 파트너는 지금까지 든 비즈니스 거의 모두를 제공하고 있다. 물론 유저 기업의 입장에서 보면 내제화 또는 일부라도 외부의 파트너를 활용하는가에 따라 실제로 활용을 검토하는 서비스는 다르다.

3.1.6 PoC, 트라이얼 관련

매스컴 등에서 일부 대기업의 RPA 도입 소식을 다루고 있지만 전체적으로 보면 지금부터가 시작이다. 때문에 제품 벤더에 따라서는 PoC와 트라이얼용 서비스를 제공하고 있는 곳도 있다.

예를 들면 2~3개월 등 기간을 한정해서 소프트웨어를 시험 사용할 수 있고 기간 내에 QA 서포트가 제공되는 서비스 등이다. 연간 라이선스와 통상의 QA 대응 서비스 가격과 비교하면 수분의 1 정도의 가격에 이용 가능하다. '시험'삼아 사용한다는 의미에서는 효과적인 서비스이다.

도입 여부 자체를 결정하지 못했거나 소프트웨어와 벤더의 선정에 망설이는 상황이라면 이러한 서비스를 검토할 가치는 있을 것이다.

개별 제품 벤더의 서비스가 아닌 전시회와 세미나 등을 전문적으로 개최·제공하고 있는 기업이 제공하는 서비스이다.

현 시점에서는 다른 기술이나 제품 등과 비교하면 전시회 개최 규모는 작고 수도 적지만 앞으로 기업과 단체에서 도입이 증가함에 따라 규모와 수는 늘어날 것이다.

칼럼

RPA에서 파생되는 새로운 비즈니스

인재 파견회사가 필요한 인재를 제안·제공하는 비즈니스가 일반적이다. 마찬가지의 일을 인재가 아니라 RPA로 바꾸어 생각하면 필요한 RPA를 필요한 타이밍에 제공하면 되는데, 그리 간단하지 않다.

가까운 장래에 RPA 소프트웨어와 관련 시스템에 관한 전문적 지견에서 볼 때 다음과 같은 비즈니스가 생겨날 가능성도 있다.

- RPA를 국소적으로 제공한다.
- 로봇의 메인티넌스를 대행한다.
- 사람을 관리하듯 로봇의 관리를 대행한다.

사람을 파견하는 대신 RPA를 설치해서 설정하고 로봇 전체의 관리와 메인티넌스를 대행하는 등 새로운 서비스의 등장이 기대된다.

3.2 대표적인 RPA 제품

3.2.1 주요 제품

Automation Anywhere, Blue Prism, Kofax Kapow, NICE, Pega, UiPath(유아이패스) 등이 대표적인 RPA 제품이다.

이들 제품 중에는 제조사가 직접 판매하는 것도 있고 국내의 IT 벤더와 제휴해서 판매하는 제품도 있다.

해외 제품이 많기 때문에 화면은 영어 표기가 대부분이다.

한편 각 제품 본체 외에 SQL 등의 데이터베이스와 Citrix(가상 데스크톱) 등의 소프트웨어가 필요한 제품도 있다. 이 경우에는 본체와는 별도로 제품을 수배해야 하고 비용도 들므로 유의하기 바란다.

3.2.2 한국 시장

한국의 RPA 시장은 한국 최초로 RPA를 출시한 그리드원의 오토메이트원(AutomateOne)이 견인해왔다. 한국에서 가장 많은 100개 이상의 고객과 1,000대 이상의 소프트웨어 로봇, 3,000개 이상의 업무 자동화 사례를 보유하고 있다. RPA의 개발과 도입을 지원하는 컨설팅 펌으로는 PwC, KPMG, EY한영, 메타넷 등이 활동하고 있다.

3.2.3 RPA 제품 일람

RPA 각 제품의 특징은 다음과 같다.

RPA Automation Anywhere(미국)

RPA의 선구자적 존재이며 다양한 기능을 갖고 있다. Process Maturity Model이라고 이름 붙은 BPMS(Business Process Management System)에 의한 계속적인 프로세스 개선과 연계한 활용을 추천하고 있다(3.4에서 온라인 학습을 소개한다).

AutomateOne(한국)

한국에서 가장 많은 고객이 도입한 RPA 솔루션으로, 그리드원(GridOne)이 제공하고 있는 제품이다. 그리드원의 특허 인공지능 기술을 접목하여 비정형 데이터 처리가 가능하여 보다 확장된 업무 프로세스 자동화를 지원한다.

Blue Prism(영국)

RPA의 선구자적 존재로 다양한 기능을 갖고 있다. 로봇의 설계와 개발을 같이 추진하는 특징이 있다(제6장에서 설계 계획, 제10장에서 시큐리티 관련 화면을 소개한다).

Kofax Kopow(미국)

다양한 시스템을 데이터 소스라고 파악하고 RPA로 데이터를 추출해서 통합·최적화하는 것을 지향하고 있다. 로봇다운 시나리오 작성으로 OCR과도 연계하고 있다(제6장에서 오브젝트 타입의 일례로 해설하고 제10장에서 운용 관리 화면도 소개한다).

NICE(이스라엘)

로봇의 설계와 개발을 일괄 추진하는 특징이 있다. 로봇의 업무 사이에 사람의 업무를 넣어 사람과의 협동으로서 관리하는 것도 가능하다.

Pega(미국)

BPMS를 서포트하는 것이 RPA라는 개념에 기초하는 제품이다. 업무의 분석과 개선은 BPMS가 담당하고, BPMS로는 불가능한 현장의 조작 개선은 RPA가 담당한다(제6장에서 프로그래밍 타입의 일례로 해설하고 제10장에서 운용 관리 화면도 소개한다).

UiPath(미국)

Windows와 친화성이 높고 화면 캡처 타입의 직감적인 시나리오 작성이 가능하다. 영어에 대응한 무료 온라인 학습이 수강 가능하다(3.4에서 온라인 학습을 소개한다).

한편 여기에서 소개한 각 제품의 데스크톱은 Windows7 이후에, 서버는 Windows Server에 대응(버전, 레벨은 확인 필요)하고 있다. Linux 서버에 대응하고 있는 제품도 있다. 자세한 것은 각사와 제휴 파트너의 사이트에서 확인하기 바란다.

RPA가 동작하고 있는 동안은 단말기를 사용할 수 없다?

RPA라는 단어가 알려지기 시작했을 때는 RPA가 처리를 실행하고 있는 동안은 그 외의 단말기 조작은 불가능하다고들 했다. 확실히 제품에 따라서는 단말기를 점유하는 것도 있다.

한편 RPA의 처리 실행 시에 다른 애플리케이션의 실행을 허용하는 제품도 있다 (그림 3.4).

단말기를 점유

타 애플리케이션도 허용

그림 3.4 점유하거나 타 애플리케이션을 허용한다

그렇더라도 다른 애플리케이션의 실행은 권장하지 않는다. 그 이유는 로봇 파일이 동작하고 있는지 아닌지를 육안으로 확인할 수 있는 상황이어야 하기 때문이다.

때문에 RPA가 동작하고 있는 동안은 '단말기 조작은 하지 않는다≒사용할 수 없다'가 적절한 표현이다. RPA의 학습에서 단말기를 사용하고 있는 동안은 다른 조작은 하지 않고 학습에 전념하는 것이 좋다.

3.3 RPA 소프트웨어의 학습

RPA 소프트웨어는 대부분의 사람에게 처음 배우는 소프트웨어이다. 기본적으로는 제로 상태부터 학습하게 될 것이다. 이번 항에서는 어떻게 학습을 할지를 설명한다.

3.3.1 배운다·만든다·사용한다

RPA 학습은 기본적으로는 배우고→만들고→사용하는 3단계로 추진한다 (그림 3.5). 다른 소프트웨어도 기본적으로 마찬가지이다.

RPA 소프트웨어가 어떤 것인지 개요 및 상세를 배운다는 관점에서는 본서를 활용하면 상당 부분 이해될 것이다.

배운다   만든다   사용한다

그림 3.5 RPA 학습은 배우고→만들고→사용하는 단계로 진행한다

RPA는 소프트웨어의 로봇이므로 3단계 중에서는 '만드는' 단계가 핵심이다. 때문에 이후에는 '만드는' 것에 비중을 두고 소개한다.

과거에는 실제로 사용하는 제품을 구입해서 배우는 방법이 일반적이었다. 그러나 현대의 인터넷 시대에서는 돈과 시간을 들이지 않고 배우는 것도 정보 시스템 부문과 개발자에게는 중요한 사안이 되고 있다. 따라서 가능한 한 돈을 들이지 않고 학습하는 방법을 알아본다.

3.3.2 기초 정보의 입수

서적과 신문, 잡지 기사 등을 통해 기초 지식을 다진다. 신문과 잡지에서는 동향을, 웹사이트와 서적에서는 도입 수법과 기술적인 관점을 배우는 것이 좋을 것이다.

신문이나 잡지 기사도 항상 예의주시하지 않으면 놓쳐 버릴 수 있으니 일상 업무와 생활 속에서 RPA에 대해 주의를 기울이기 바란다.

이외에는 제품 벤더와 파트너 기업의 웹사이트 등에서 개요와 상세를 확인하는 방법이 있다.

3.3.3 온라인 학습

프리소프트웨어나 학습용과 평가용으로 온라인 학습을 할 수 있는 제품이 있다(그림 3.6, 상세한 내용은 3.4에서 설명한다). 온라인 학습은 RPA 소프트웨어를 직접 다루는 것이 가능하기 때문에 만드는 것도 경험할 수 있다.

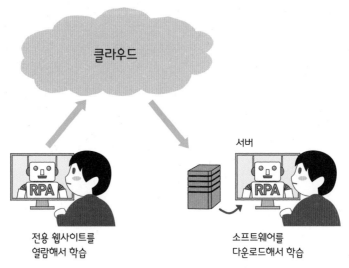

클라우드

서버

전용 웹사이트를
열람해서 학습

소프트웨어를
다운로드해서 학습

그림 3.6 온라인 학습으로 RPA를 경험할 수 있다

3.3.4 제품 구입

예산이 있다면 실제로 RPA 제품을 구입해서 학습하는 것이 가장 무난한 방법이다.

제품을 구입하는 이점은 제품의 상세한 매뉴얼을 입수할 수 있고 제품 벤더에 따라서는 QA 대응의 제공과 담당자를 지정해 주는 일도 있다. 이로써 '배우고, 만드는' 과정은 원활하게 진행된다.

3.3.5 연수 수강

3.1.2에서 소개했듯이 벤더가 제공하는 연수를 수강하는 방법이다. 일상 업무가 있는 가운데 연수에 참석하는 것은 일정을 조정해야 하는 등 쉬운 일은 아니다. 그러나 단기간에 학습한다는 점에서는 효과적이다.

개발자가 되려는 사람에게는 연수 수강을 추천한다.

온라인 학습으로 비교적 잘 알려져 있는 것은 UiPath의 RPA Developer Foundation Training이다(그림 3.7).

초보자를 대상으로 한 온라인 자습형 무료 트레이닝 내용으로 돼 있다. 트레이닝에서는 개념 설명과 실전 연습, 퀴즈를 통해 UiPath 제품의 기능과 기술에 대한 기초 정보를 제공하고 있다.

URL https://www.unipath.com/jo/rpa=academy

그림 3.7 UiPath 아카데미 트레이닝 프로그램 화면

트레이닝은 14개 레슨으로 구성되어 있으며 학습을 마치면 무료 수료 테스트가 있다. 70% 이상 득점하면 RPA Developer Foundation Diploma로 인정받는다.

RPA Developer Foundation Diploma는 UiPath 제품의 기초적인 개발 스킬을 익힌 인재이다. 수강 경험자에 의하면 기초적인 프로그래밍 스킬을 보유하고 있는 사람으로 20시간 전후의 학습 시간이 필요하다고 한다.

그림 3.8은 메일 어드레스를 등록하면 열람할 수 있는 레슨 페이지이다.

UiPath의 레슨은 영어 화면으로도 제공되며(그림 3.8, 3.9) RPA 소프트웨어의 일례를 실제로 경험할 수 있다는 점에서 추천할 수 있다.

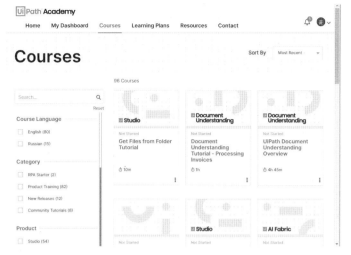

그림 3.8 UiPath 아카데미의 레슨 화면 ①

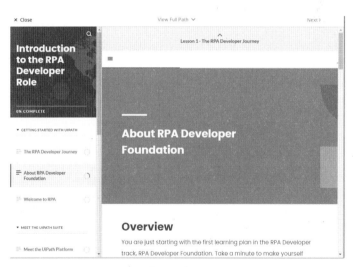

그림 3.9 UiPath 아카데미의 레슨 화면 ②

그림 3.8, 3.9 뒤에 소프트웨어를 활용한 레슨을 시작할 수 있다.

각 레슨을 마치면 연습 문제가 있다(그림 3.10). 연습 문제를 풀어보면 확실하게 익힐 수 있게 구성되어 있다.

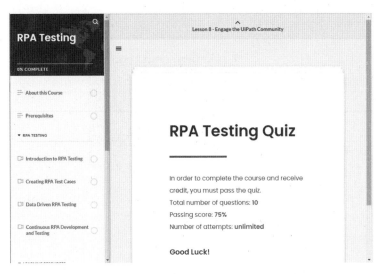

그림 3.10 레슨 후의 연습 화면 예

UiPath의 온라인 학습 시 유의 사항

UiPath의 웹사이트에서 확인할 수 있는 License Agreement에 따르면 기업이 레슨을 위해 다운로드한 소프트웨어를 이용할 때는 평가와 트레이닝 목적에 한정되어 있다. 실무에서 이용하는 것은 허용되어 있지 않으므로 유의하기 바란다. 돈을 들이지 않고 구체적인 제품을 경험할 수 있다는 점에서는 유저 입장에서 고마운 서비스이다.

3.4.2 Automation Anywhere의 온라인 학습

Automation Anywhere는 RPA의 선구자적 존재로 역시 온라인 자습형 트레이닝 사이트를 제공하고 있다(그림 3.11). 2018년 6월 시점에서는 영어판으로 제공한다.

UiPath에서는 academy였지만 Automation Anywhere는 University라고 부른다. 트레이닝의 명칭에서도 각사의 개성이 드러난다.

URL https://www.automationanywhereuniversity.com

그림 3.11 Automation Anywhere University 화면 ①

　페이지를 스크롤하면 그림 3.12와 같이 RPA에 관한 개요 설명이 나온다. 역시 메일 어드레스를 등록하면 Learning Portal로 진행한다.

그림 3.12 Automation Anywhere University 화면 ②

　Automation Anywhere는 BPMS와도 연계를 추진하고 있기 때문에 학습 내용은 BPMS의 요소도 갖고 있다(BPMS에 관해서는 4.7에서 자세하게 설명한다).

　LESSONS의 최초에 Process Maturity Model(PMM)이라고 이름 붙은 비즈니스 프로세스 분석이 있다. PMM이 지속적인 프로세스 개선의 토대가 된다고 설명되어 있고, 그 후에 Automation의 소개에 들어간다.

3.5 RPA 프리소프트웨어

3.5.1 RPA Express는 어떤 소프트웨어인가?

RPA에도 다른 소프트웨어와 마찬가지로 프리소프트웨어가 있다. 여기서는 업계에서도 잘 알려진 프리소프트웨어인 WorkFusion의 RPA Express를 소개한다.

RPA Express의 License Agreement에 의하면 평가용뿐 아니라 업무 목적으로도 이용을 허용한다.

WorkFusion은 AI 관련 기업으로 RPA Express를 전략적으로 무상 제공하고 그 후에 출시되는 관련 제품과 서비스를 판매한다.

한편 3.4에서 소개한 UiPath는 평가와 트레이닝으로는 활용이 가능하지만 업무에 이용하려면 제품을 구입해야 한다. WorkFusion과 UiPath의 비즈니스 모델 차이는 흥미롭다.

3.5.2 RPA Express의 화면

RPA Express를 이용할 때는 그림 3.13의 화면에서 들어간다.

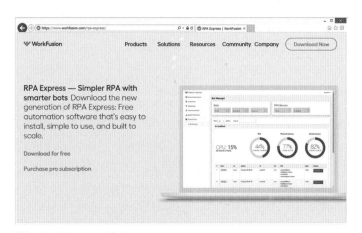

URL https://www.workfusion.com/rpa-express

그림 3.13. RPA Express의 첫 화면

Download for free를 클릭하고 표시되는 화면에서 메일 어드레스 등의 정보를 등록하면(그림 3.14) 메일이 도착한다. 도착한 메일을 통해 다운로드를 진행한다.

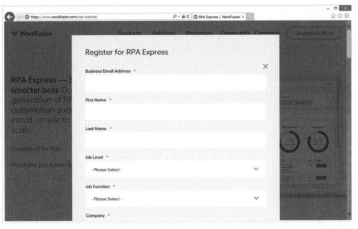

그림 3.14 RPA Express의 메일 어드레스 등의 입력 화면

다운로드를 하려면 비교적 고성능의 컴퓨터가 필요하다.
이외에도 다양한 프리소프트웨어가 있으니 조사해보기 바란다.

3.6 학습 순서

자주 받는 질문 중 하나가 'RPA와 RDA 어느 쪽부터 먼저 배워야 하는가' 이다.

어려운 질문인데 실제로 도입하는 경우에는 워크그룹이라면 RPA, 데스크톱 단독이라면 RDA로, 니즈와 사용 방법에 따라서 다르다.

여기서는 도입 전의 학습이라는 관점에서 생각한다.

3.6.1 물리적인 제약

RPA의 경우 설치하는 단말기와 학습에 이용하는 단말기의 수량은 별도로 하고 서버와 데스크톱에서 도입한다. 따라서 서버가 필요하다는 물리적인 제약이 있다.

RDA의 경우는 컴퓨터 한 대부터 이용할 수 있다.

3.6.2 비용 차이

제1장에서 설명한 바와 같이 RPA 소프트웨어는 여러 대의 로봇을 관리할 수 있는 툴이 포함되어 있기 때문에 소프트웨어 자체도 RDA보다 고가이다.

또한 비어 있는 서버가 없으면(일반적으로는 없다) 서버 구입을 위한 비용도 든다.

따라서 RPA의 경우에는 데이터베이스 외의 제품도 필요한 일이 많기 때문에 비용이 추가된다.

따라서 예산을 얼마나 갖고 있는가에 따라서 결정되는 부분이 크다.

RPA와 RDA의 금액 차이를 정리하면 다음과 같다.

- 소프트웨어 자체의 가격 차이(여러 대의 로봇을 관리하는 툴의 유무 차이)
- 서버의 조달에 드는 비용
- 데이터베이스 외의 제품 조달에 드는 비용

위의 3가지 사항을 미리 인식해두기 바란다.

무난한 것은 RDA

RPA에는 서버가 필요한데다 소프트웨어도 고가인 점을 고려하면 우선 RDA부터 학습하는 것이 무난한 선택이다. 서버가 없고 관리 툴이 없다는 점을 인식한 후에 RDA부터 학습을 진행하면 된다.

RPA·RDA의 핵심인 로봇 파일의 개발이라는 관점에서는 큰 차이가 없다.

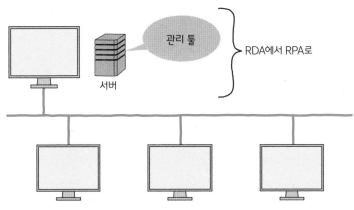

관리 툴

서버

RDA에서 RPA로

그림 3.15 RDA에서 RPA로 이행 시의 장벽

RDA는 관리 툴 및 서버에서 관리하지 않으므로 소프트웨어와 하드웨어의 구성이 다르다. RPA와의 관계로 말하면 RDA는 RPA의 일부이다.

RDA에서 RPA로 이행하는 과정의 장벽과 RPA의 다양성

방금 전 학습 순서에 대해 살펴봤는데 RPA와 RDA 중 어느 쪽을 먼저 배울지는 이 책과 같은 서적이 등장하기 전에는 고민되는 문제였다.

고객 기업과 벤더 여러분도 마찬가지 생각을 했던 거 같다.

RPA RDA부터 배우면

RDA부터 배우면 RPA가 어렵게 느껴진다. RDA는 관리 툴과 서버는 없으므로 RPA에 비해 소프트웨어와 하드웨어 모두 훨씬 작다. 이처럼 글로 확실하게 전달하면 이해가 되지만 이 책과 같은 서적이 없는 시대에는 직접 확인할 수밖에 없었다.

독자 여러분은 이제 그러한 경험은 하지 않아도 된다.

RPA RPA부터 배우면

RPA부터 배우면 뭐가 RPA인지 알 수 없다. 각각의 제품은 큰 의미에서는 같은 기능이지만 기능의 명칭이 각각 다르고 기술적인 백본이 다르다.

그렇기 때문에 처음 배운 RPA 소프트웨어와 두 번째로 배운 RPA에 큰 차이가 있는 것처럼 느껴져서 무엇이 RPA인지 알 수 없게 되는 상황에 빠진다. 추가해서 대다수가 영어판 제품이라는 점도 이유이다. 이해하기 위해서는 제품 간의 차이를 인식하고 공통 사항을 파악하는 것이다. 구체적으로는 제5장, 제6장에서 해설한다.

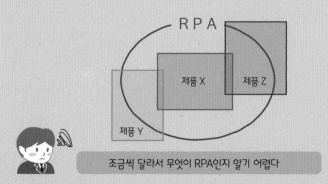

조금씩 달라서 무엇이 RPA인지 알기 어렵다

그림 3.16 RPA의 다양성으로 혼란

RPA와 유사한 기술

4.1 RPA와 유사한 기술의 대표 예

4.1.1 RPA와 유사한 기술

RPA를 도입할 때는 본 항에서 소개하는 기술을 조합해서 도입하는 기회가 늘고 있다. 각 기술의 상세한 내용에 대해서는 다음 항에서 해설하겠지만 실제의 활용 장면을 토대로 RPA와 가까운 기술인 엑셀의 매크로, AI, OCR, BPMS의 관계로 일례를 나타내면 그림 4.1과 같다. 자세한 것은 4.7에서 설명하겠지만 BPMS만 위치가 다르다.

각각의 기술은 RPA와 조합해서 활용되면서 한층 더 주목을 받게 됐다.

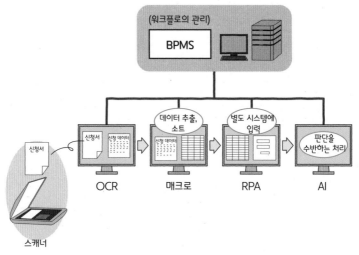

그림 4.1 RPA와 관련 기술의 관계 예

R▶ 엑셀의 매크로

가장 친숙한 자동화 툴이다. 구체적으로 엑셀과 엑셀 관련 애플리케이션이 대상이 된다.

AI(Artifical Intelligence)

AI는 인간이 생각해서 수행하는 것과 마찬가지의 처리를 실행할 수 있다. 이에 대해 RPA는 개발자가 정의한 처리를 충실하게 실행한다.

OCR(Optical Character Recognition/Reader)

OCR은 종이나 이미지에서 문자를 판독하여 자동으로 데이터화한다. 수작업과 인자된 문자를 데이터로 변환한다.

RPA는 OCR과 같이 이미지를 텍스트 데이터로 변환할 수는 없다. OCR과 함께 활용하는 사례가 늘고 있다.

BPMS(Business Process Management System)

비즈니스 프로세스를 분석해서 개선하는 절차를 내장한 시스템으로 BPMS를 도입한 워크플로는 쉽게 변경할 수 있다.

BPMS 아래에 RPA를 두는 식으로는 사용하지만 반대의 관계는 없다.

기타 기술

참고로 EUC(End User Computing), IoT 로봇과 RPA의 관계에 대해서도 소개한다.

EUC는 시스템 이용자와 부문이 직접 시스템을 구축하는 활동으로 기술은 아니다. 그러나 로봇 개발은 유저가 해야 한다는 의견이 있으므로 RPA에서 EUC의 개념에 대해 언급해둔다. EUC와 RPA의 친화성 등을 정리한다.

또한 로봇으로서 비슷한 부분도 있으므로 IoT 로봇도 살펴본다. IoT 로봇은 물리적인 로봇으로 입력·제어·출력으로 동작한다.

그러면 엑셀의 매크로부터 설명하기로 한다.

4.2 엑셀의 매크로

Windows를 이용할 때 엑셀의 매크로는 가장 친숙한 자동화 툴로 꼽을 수 있다. RPA와 어떤 차이와 공통점이 있는지에 대해 중점을 두고 설명한다.

4.2.1 RPA와 매크로의 차이점

매크로는 엑셀 내 혹은 엑셀과 관련 애플리케이션과의 데이터 거래 등을 자동화할 수 있다.

RPA는 엑셀을 포함해 다양한 애플리케이션 간의 데이터 연계 등을 실행할 수 있다. 매크로는 액셀과 타 애플리케이션 간에 가져오기(import)와 내보내기(export) 같은 데이터의 거래도 가능하다.

Visual Basic의 문법을 베이스로 마이크로소프트 제품용으로 커스터마이즈되어 있는 VBA(Visual Basic for Applications)를 매크로와 구분하기도 하지만 이 책에서는 매크로에 포함하기로 한다.

자동화라는 관점에서 매크로는 엑셀과 연계한 범위의 자동화에 그치는 데 대해 RPA는 다양한 애플리케이션을 연결해서 자동화할 수 있다는 것이 큰 차이다. 그림 4.2를 보면 엑셀이 중심인 매크로, 엑셀에 한정하지 않는 RPA의 차이를 잘 알 수 있을 거라고 생각한다.

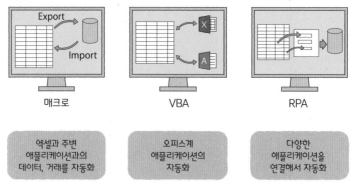

4.2 매크로와 RPA의 차이

물론 자동화라는 점에서 매크로와 RPA는 공통된다. 매크로와 RPA에는 다음과 같은 2가지 공통점이 있다.

① 처리의 정의 방법(처리의 기록 방법)

처리의 정의 방법은 제6장에서 설명하는 로봇의 시나리오 작성이 화면 캡처 타입의 제품인 경우 엑셀의 매크로와 거의 같다.

② 동작

RPA가 자동화 툴로서 스스로 처리 실행 동작을 하지만 매크로도 마찬가지로 동작하는 경우도 있다. 처리 내용에 따라서는 유사적으로 RPA와 마찬가지 동작을 한다.

다음 항에서 ①과 ②를 충족하는 간단한 매크로 모델을 살펴본다.

RPA를 아직 경험하지 않은 사람이라면 '이런 느낌으로 정의한다 · 움직인다'고 이해하는 사례가 될 것이고 RPA 경험자라면 '학습을 시작했던 시절이 그립다'고 느낄 것이다.

4.3 RPA를 연상시키는 매크로 모델

4.3.1 매크로 기능의 활성화

본 항에서는 RPA의 처리 정의에 추가해 자동으로 동작하고 있는 모습이 RPA를 연상시키는 매크로 모델을 작성해본다. 우선은 매크로 기능을 활성화한다.

엑셀의 매크로 기능은 디폴트로는 표시되어 있지 않다.

활성화하기 위해서는 '파일' → '옵션' → '리본의 유저 설정'을 선택한다. 그림 4.3에서는 오른쪽 메인 탭의 개발 체크 박스에 체크를 하고 'OK'를 클릭한다.

그러면 처음에는 표시되지 않았던 개발 탭이 나온다. 활성화 설정을 하지 않으면 개발 탭은 표시되지 않는다.

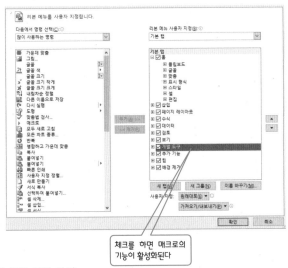

그림 4.3 리본의 유저 설정 화면

4.3.2 다이얼로그 설정

초기 화면에서 '개발' 탭으로 전환해서 매크로의 기록을 선택한다(그림 4.4).

그림 4.4 매크로의 기록

'매크로 기록' 다이얼로그가 나온다. 그 화면에서 매크로명, 매크로를 기동하기 위한 단축 키 등을 설정한다(그림 4.5).

이번에는 움직임을 보는 것이 목적이므로 매크로명은 디폴트인 '매크로1' 그대로 진행한다. 매크로 기능이 활성화된 지점에서 하고 싶은 것을 공유한다.

그림 4.5 매크로 기록 다이얼로그

4.3.3 매크로로 하고 싶은 것

본 항에서 보는 매크로는 RPA의 동작을 연상시키는 처리이다.

그림 4.6을 보기 바란다. 간단한 예이기는 하지만 워크시트의 Sheet1에 세로로 단어를 나열하고 워크시트의 Sheet2에 가로로 나열하고 복사해서 문장으로 한다.

예에서는 셀 B2에서 B6까지 '매크로로', 'RPA의', '동작을', '재현해', '본다' 라고 입력했다.

그림 4.6 워크시트의 Sheet1 입력 예

간단하게 작성하기 위해 동일 파일 내 2개의 워크시트로 개발한다. 애플리케이션A에서 애플리케이션B로 데이터를 복사하는 상황을 상상하면 이해하기 쉬울 것이다.

복사하려는 Sheet1에서는 위에서 세로로 단어가 나열되어 있지만 복사한 Sheet2에는 C2에 '매크로로', D2에 'RPA의', E2에 '동작을', C4에 '재현해' D4에 '본다'와 같이 가로로 적는다.

세로에서 가로로 각 셀의 순서를 순차 복사하면서 같은 처리를 반복하기 때문에 순간적이기는 하지만 움직이는 것을 눈으로 좇을 수 있다.

4.3.4 매크로에 기록하기 전의 준비

그러면 Sheet1에 방금 전의 그림 4.6과 같이 데이터를 입력해보자. 예에서는 B1 셀에서 B5 셀의 5개를 사용했다.

만일에 대비해서 워크시트의 +를 클릭해서 Sheet2를 표시해둔다.

4.3.5 모델의 매크로 기록

4.3.2의 다이얼로그 설정으로 돌아가 매크로명은 디폴트인 '매크로1'인 상태로 진행한다.

'OK'를 클릭하면 기록 모드가 되므로 등록하고 싶은 조작을 수행한다.

Sheet1에서 Sheet2로 5회의 복사&붙이기를 한다.

조작이 완료하면 '확인'을 클릭한다.

모델의 매크로 실행

기록한 매크로를 실행하려면 '개발' 탭의 '매크로' 버튼을 클릭한다. 그림 4.7과 같은 다이얼로그가 나오므로 '매크로1'을 선택하고 '실행' 버튼을 클릭하면 그림 4.8과 같이 매크로1이 실행된다.

그림 4.7 매크로1 실행 직전(Sheet1)

그림 4.8 매크로1 실행 후(Sheet2)

4.3.7 모델의 매크로 이용법

이러한 모델의 매크로에 의해 RPA를 전혀 접한 적 없는 사람도 RPA는 이런 느낌으로 동작한다고 감을 잡을 수 있다.

Sheet1과 Sheet2의 배경색을 바꾸거나 하면 애플리케이션A에서 애플리케이션B로 처리를 하는 것처럼 보일 수도 있다.

RPA와 매크로는 매우 상성이 좋은 기술이다. 기업에서는 매크로로 데이터를 추출하고 정렬해서 RPA에 연계함으로써 RPA의 업무를 단순 작업에 반영하는 방식으로 활용한다. 활용 비결은 오피스 제품을 사용하고 있는 거라면 RPA 단독으로 생각하지 말고 매크로라는 선택지도 준비해두도록 한다.

4.4 인공지능과 RPA의 관계

인공지능(AI)이 크게 주목받으면서 인공지능과 관련해서 RPA가 자주 거론된다. RPA와 AI가 연계되어 있는 제품 등도 있지만 양자의 구분은 명확하다.

4.4.1 머신러닝

우선은 인공지능에서 일반적이 되고 있는 머신러닝의 개요를 설명한다.

인공지능은 머신러닝과 딥러닝 등의 다양한 기술을 총칭하는 말이다. 그중에서도 머신러닝은 많이 구현되어 있다.

머신러닝은 컴퓨터가 샘플 데이터를 반복해서 분석하고 데이터를 정리하는 규칙이나 룰, 판단 기준 등을 데이터베이스에 축적한다. 그리고 처리가 필요한 데이터에 대해 축적한 데이터베이스를 토대로 인간이 생각해서 수행하는 것과 마찬가지 처리를 실행한다.

4.4.2 인공지능의 도입이 진행하는 콜센터

콜센터는 일찍부터 인공지능 연구와 일부 구현이 진행하고 있는 영역이다. 콜센터 업무와 컴퓨터 조작을 보면 인공지능과 RPA를 명확히 구분해서 사용한다. 예를 들면 고객으로부터 '내가 계약한 보험의 내년 지불 금액을 알고 싶다'라는 문의가 있었다고 하자. 인간이 조작하는 거라면 전화를 받은 순간에 '내가 계약한 → 기존 고객 → 고객번호와 계약번호가 있다 → 어느 한쪽의 번호를 물어보자'라고 생각한다.

이어서 고객이 말한 번호를 CRM 시스템과 계약 관리 시스템 등에 입력해서 필요한 정보를 표시한다. 표시된 데이터 중에서 고객이 요구하는 정보를 대답한다. 그리고 대응 이력에 필요 사항을 입력하면 1건의 문의가 완료된다.

일련의 흐름은 '불특정'에서 어떻게 해서 '특정'하는지를 보여주는 프로세스이기도 하며 기계학습 등의 인공지능의 기능이 발휘되는 장면이다.

4.4.3 콜센터에서의 RPA 활용

콜센터에서 RPA가 활약할 일이 있을까? 물론 있다. 방금 전의 번호를 CRM

시스템, 계약 관리 시스템 등에 입력해서 정보를 표시하고, 이들을 토대로 대응 이력의 일부를 자동 작성한다(그림 4.9).

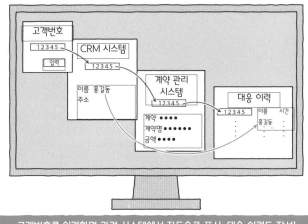

고객번호를 입력하면 관련 시스템에서 자동으로 표시, 대응 이력도 작성!

그림 4.9 콜센터에서의 RPA 활용

작업자가 각 시스템에 몇 번이고 입력하던 수고를 RPA로 대체하면 고객번호 입력 후에는 자동으로 처리해준다. 작업자의 부하 중 하나인 대응 이력 작성에도 특정 키를 누르면 RPA가 작성하도록 프로그램해두면 조작자가 수입력하는 것보다 빠르게 작성할 수 있다.

인공지능에 대해 RPA의 기능이 발휘되는 것은 고객을 특정하고 나서이다. 특정하는 프로세스의 분기와 판단에 관한 조작은 인공지능으로, 특정 후 백 야드의 기계적·정형적 조작은 RPA로 대체하는 것이다. 물론 인공지능의 영역을 확대해서 가능한 한 인공지능으로 처리하는 사고방식도 있다.

4.4.4 '특정'이 RPA가 될 수 있는 조작 예

금융기관에서는 개인이 대출을 신청하면 신청서에 적힌 개인정보를 금융기관이 연계해서 운용하고 있는 단체에 조회해서 대출 가부를 결정하는 판단 기준의 하나로 삼는다.

주택 대출의 경우 개인 신용 정보의 조회 등 마찬가지 절차를 밟는다. 구체적으로는 금융기관이 개인 고객에게서 얻은 성명, 생년월일, 성별, 주소, 전화번호 등의 정보를 타 기업과 단체가 제공하는 시스템에 입력한다. 시스템에 입력하는 데이터 항목은 신청서 등의 데이터를 구성하는 주요 항목이다.

이때 RPA를 사용한다면 신청서의 데이터를 입력한 시스템에서 다른 시스템에 주요 데이터 항목을 복사해서 조회하면 된다(그림 4.10).

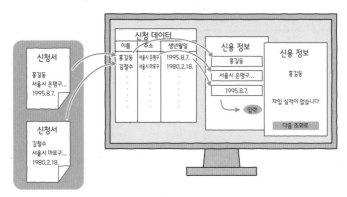

그림 4.10 신청 데이터 복사

신청 데이터에서 이름, 주소, 생년월일 등을 복사해서 신용 정보 시스템에 붙여서 입력 버튼을 클릭하는 업무를 자동화한다. 데이터를 복사하기만 하는 것이 아니라 클릭해주는 것이 핵심이다. 소비자용 비즈니스를 제공하는 기업이라면 유사한 상황은 많이 있을 것이다.

이와 같은 특정 이후의 기계적·정형적 입력은 인공지능이 아니라 RPA가 적합하다.

4.4.5 RPA에 인공지능 탑재

흔히들 RPA의 진화 과정은 3단계가 있다고 한다. 현재는 그 단계 중 제1단계이다.

1단계는 인간이 자동화하는 작업을 정의하고 2단계는 RPA에 의한 작업 실적을 학습해서 일부를 스스로 자동화하고 3단계에서는 인공지능의 기능도 탑재해서 업무 분석과 개선을 통해 보다 고도의 자동화를 자율적으로 수행한다는 개념이다.

이 개념대로라면 인공지능 탑재라는 관점에서는 제2단계가 되지만 이미 제2단계의 일부로 들어가고 있는 것 같다.

예를 들면 화면(화상)인식 인공지능과 음성인식 인공지능 등과 연계하거나 또는 RPA에 내장하는 움직임이다(그림 4.11).

| 화면인식 예 | 음성인식 예 |

그림 4.11 화면인식·음성인식의 연계 예

화면인식에는 2가지 사고방식이 있다.

하나는 RPA의 로봇 파일을 개발할 때 화면을 캡처해서 기록하는데, 정확도를 높이기 위해 인공지능을 사용하는 것이다.

또 하나는 화면이 이렇게 변한다면(이러한 화면이 된다면) RPA를 가동하는 식으로 인공지능을 센서와 같이 활용해서 이벤트 기반의 RPA 시스템으로 하는 것이다.

음성인식 인공지능은 후자와 같이 센서로 활용하는 것부터 시작할 것이다.

각종 센서만으로는 '불특정'을 구체적으로 '특정'하는 것이 불가능했던 것을 인공지능과 조합하면 특정이 가능해진다. 특정이 가능해지면 다음은 RPA로 업무가 가능해지는 것이다(그림 4.12).

'불특정'에서 '특정', 나아가 RPA에 이르는 방정식은 향후 다양한 장면에서 적용할 수 있을 듯하다.

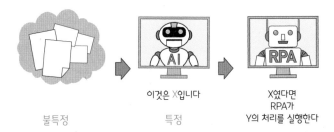

| 불특정 | 특정 | |

그림 4.12 불특정에서 특정으로

가까운 예를 들어 불특정에서 특정 메커니즘을 생각해본다.

카메라가 달린 컴퓨터가 거실에 놓여 있다. 아버지가 컴퓨터 정면에 앉으면 아버지의 스케줄러가 표시되고 스케줄러에 가게 이름이 입력되어 있다면 '메뉴판닷컴' 등에서 그 가게의 안내 페이지가 기동하는 식이다.

카메라를 경유한 화상인식, 가게의 텍스트 인식 등에서 인공지능의 업무도 있을 수 있다(그림 4.13).

그림 4.13 인물의 특정이 가능하면 전용 처리를 기동해서 실행한다

아버지를 인식해서 스케줄러를 표시하는 처리에 추가해서 텍스트를 가게라고 인식할 수 있으면 '메뉴판닷컴'에서 검색 처리도 가능하다. 가게 위치와 찾아가는 방법을 확인하는 것이 주목적이지만 할인 쿠폰이 부정기적으로 표시되는 가게도 있으므로 의외로 실용적이다.

RPA는 스케줄러와 웹사이트에서 복수의 검색 애플리케이션을 연결하고 있는 것이 포인트이다. 센서와 인공지능을 연계하고 다시 복수의 애플리케이션을 조작하는 RPA는 향후 다양한 장면에서 이용이 확대하지 않을까.

4.5 OCR과 RPA

4.5.1 OCR이란

OCR(Optical Character Recognition/Reader)은 수작업과 인자된 문자를 광학적으로 판독하는 스캐너 등의 하드웨어와 문자를 인식해서 데이터로 변환하는 소프트웨어를 포함한 시스템을 총칭하는 말이다. 주로 신청서 등에 기재된 이름, 우편번호, 주소, 전화번호, 체크를 한 곳의 항목이 스캐너에 의해 판독되고 데이터로 입력되는 시스템이다(그림 4.14).

시스템으로서는 신청서를 PDF 등의 형식으로 파일화하는 동시에 각 항목은 OCR의 소프트웨어로 데이터화해서 연계하는 시스템에 CSV 기타의 형식으로 내보내기를 한다.

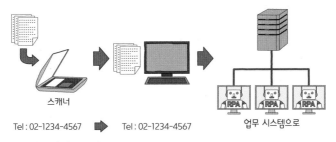

스캐너

Tel : 02-1234-4567 ➡ Tel : 02-1234-4567

업무 시스템으로

그림 4.14 OCR 시스템의 구조

스캐너에 신청서 등을 읽히면 자동으로 시스템에 데이터가 입력된다. 작업자가 눈으로 보면서 컴퓨터에 수입력하는 것과 비교하면 입력 효율이 높고 오류도 없다. 다만 사전에 읽어들인 종이의 어느 위치에 어느 항목(데이터)이 오는지를 정의할 필요는 있다.

4.5.2 한정적인 자동화

OCR은 특정 장소에 기재된 손글씨와 인자된 문자를 인식해서 데이터로 변환한다. 칸이 나뉜 곳에 기입된 숫자 등은 100퍼센트 가까운 판독률을 실현한다. 한편 직사각형 안에 이름과 주소를 자유롭게 기입한 한자 등의 문자 인식률은 수십 퍼센트로 낮다고 한다.

직사각형 안의 숫자라도 5와 7과 같이 2획 이상인 숫자는 5가 6으로, 7이 1로 인식되는 일이 있다. 직사각형 바깥으로 삐져나오는 문자의 인식은 더욱 난이도가 높은 것을 알 수 있다.

또한 유미와 같이 비교적 간단한 문자라도 읽기 어려운 형태로 적히면 유미로 인식하지 않는다(그림 4.15).

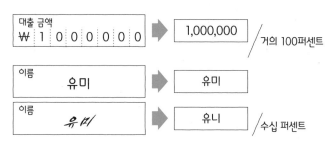

그림 4.15 거의 100퍼센트와 수십 퍼센트의 차이

4.5.3 OCR과 RPA의 차이점

문자를 인식해서 데이터로 변환하는 기능은 OCR 고유의 기능이다. RPA에는 그런 기능은 없다.

RPA는 취득한 데이터를 같은 값으로 활용하거나 별도 데이터로 변경하는 것은 가능하지만 OCR과 같이 이미지 데이터를 텍스트 데이터로 변환하는 것은 불가능하다(그림 4.16).

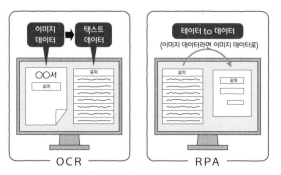

그림 4.16 OCR은 데이터를 변환할 수 있지만 RPA는 변환할 수 없다

RPA는 OCR의 데이터를 연계하고 나서 움직이는 역할의 차이도 있다.

OCR과 RPA의 연계는 큰 흐름이 되고 있다. 여기에 대해서는 다음 항에서 상세하게 설명한다.

4.5.4 OCR과 RPA의 공통점

OCR과 RPA는 대상으로 하는 상대가 필요하다는 공통점이 있다(그림 4.17).

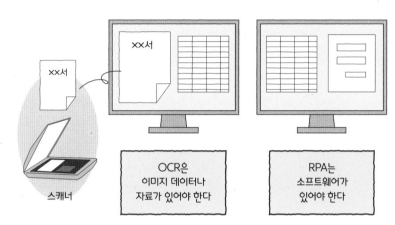

그림 4.17 RPA와 OCR의 공통점

RPA는 대상으로 하는 소프트웨어가, OCR은 대상으로 하는 종이 등이 반드시 있어야 한다.

예를 들면 워드와 엑셀 등은 소프트웨어 자체로 문서와 워크시트를 작성할 수 있다. 기업에서 활용하고 있는 업무 시스템은 데이터를 입력해서 다양한 처리가 가능하다.

이에 대해 OCR은 이미지 데이터와 이미지가 그려진 종이가 있어야 한다. 마찬가지로 RPA는 1.1.1에서 정의한 바와 같이 대상이 되는 자신 이외의 소프트웨어가 필요하다. 다시 말해 RPA는 상대가 있어야 기능하는 소프트웨어이며 OCR도 읽어들이는 대상이 되는 서류와 이미지 등이 있어야 비로소 기능한다.

4.4에서는 인공지능이 특정을 하고 RPA가 그 특정에 기초해서 처리를 하는 관계를 예로 들어 소개했다. OCR과 RPA의 관계도 조금 더 깊이 들어갈 필요성이 있을 것 같다.

4.6 OCR과 RPA의 연계

4.6.1 OCR의 성능

4.5에서도 설명한 바와 같이 OCR이라고 하면 각종 항목이나 문자의 인식이 완벽한 것은 아니다. 때문에 OCR 화면에서 읽어들인 문자가 바른지 아닌지를 화면에서 확인해야 한다. 잘못 읽어들인 문자가 있으면 사람이 손으로 일일이 수정해야 한다. 때문에 입력하는 문자 수가 적으면 스캔하는 수고도 덜 수 있기 때문에 손으로 작업하는 쪽이 빠르다.

그러나 입력하는 문자가 많으면 OCR+수작업이 확실히 빠르다. 예를 들어 30장의 신청서를 OCR을 사용해서 입력한다고 하자. 이때 우선은 30장의 신청서를 차례대로 스캐너로 읽힌다. OCR 소프트웨어 화면에서 가령 왼쪽에 원래의 서류 이미지가, 오른쪽에는 데이터화된 항목이 늘어선다. 이 화면을 보면서 바르게 읽어들였는지를 확인하고 잘못한 경우에는 수정을 한다 (그림 4.18).

확인하는 수고는 들지만 30장이나 되는 신청서를 한 장씩 수작업하는 것은 부하가 크다. 따라서 입력하는 문자가 많을 때는 손으로 입력 → 육안검사라는 2가지 프로세스보다 스캔 → 화면에서 확인 → 수정이라는 3가지 프로세스 쪽이 훨씬 빠르다.

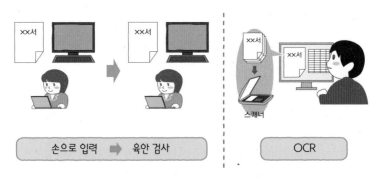

그림 4.18 손으로 입력 ↦ 육안 검사와 OCR의 차이

OCR은 하나의 화면에서 이미지 데이터와 텍스트 데이터를 비교할 수 있어 편리하다. OCR을 활용하지 않는 경우는 원래의 종이와 컴퓨터로 입력한 화면을 보면서 비교한다. OCR을 활용하면 컴퓨터 화면에 종이 이미지와 데이터화된 항목이 표시된다.

단순히 몸의 움직임으로 생각해봐도 OCR은 획기적이다. 특히 종이 매수가 대량인 경우에는 그 효과는 절대적이다.

키보드를 타이핑해서 입력하는 것보다 스캐너로 읽어들이는 쪽이 빠르며 머리를 좌우로 움직이면서 확인하는 것보다 동일한 화면에서 눈을 조금만 좌우로 움직이는 것이 훨씬 수월하다(그림 4.19).

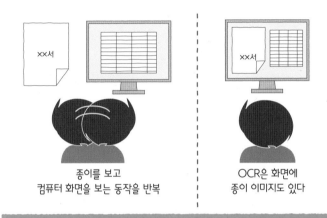

종이를 보고
컴퓨터 화면을 보는 동작을 반복

OCR은 화면에
종이 이미지도 있다

머리를 돌리는 동작, 종이를 손으로 잡는 동작이 사라진다

그림 4.19 OCR은 몸의 동작도 효율적

4.6.2 OCR에서 RPA의 역할

RPA는 데스크톱에 데이터가 표시되고 나서 시작하므로 OCR에 연계되어야 비로소 가능하다. 연계 상황으로는 다음 2가지 경우가 많다.

① OCR로 데이터화되어 시스템에 입력된 데이터를 RPA로 확인한다
(그림 4.20)

예를 들면 특정 일자인지, 일정한 연령 이하인지 또는 이상인지 등 값이 바른 범위에 있는지 체크한다.

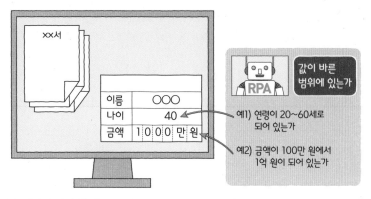

그림 4.20 데이터 값의 확인

② OCR에 의해서 시스템에 입력된 데이터를 다른 시스템에 복사한다
(그림 4.21)

OCR로 특정 시스템에 입력된 데이터를 다른 시스템에 자동으로 복사한다.

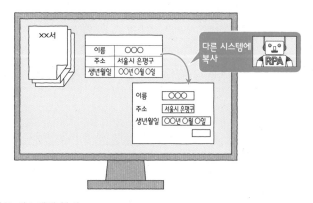

그림 4.21 다른 시스템에 복사

앞으로 이러한 형태의 연계는 한층 더 확대할 것이다.

4.6.3 OCR과 RPA와 AI의 연계

여기까지 OCR과 RPA의 연계를 살펴봤다.

이어서 OCR과 RPA의 연계에 인공지능도 추가되는 경우를 소개한다(그림 4.22). 일부 기업에서는 연구 중이거나 실제로 구현하는 등 다양한 대응이 진행하고 있다.

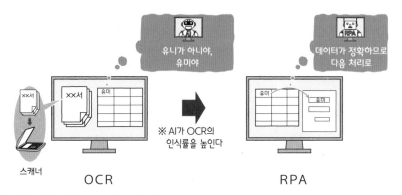

스캐너

OCR

RPA

그림 4.22 OCR과 RPA와 AI의 연계

OCR로 읽어들여서 RPA로 데이터를 처리하고 AI로 다시 판단하는 OCR →
RPA → AI의 업무 프로세스 흐름이 확립되고 있다.

그림 4.22와 같이 OCR의 인식률을 향상시키는, 다시 말해 '특정'하는 절차
를 삽입해서 RPA에 전달하는 OCR → AI → RPA의 흐름도 있다.

4.7 BPMS와 RPA

4.7.1 BPMS란

BPM(Business Process Management)는 비즈니스 프로세스를 분석해서 개선하는 절차를 반복해서 업무 개선에 지속적으로 대응하는 개념이다. BPMS(Business Process Management System)이라 불리며 품의(稟議) 등에서의 워크플로 시스템 등이 알려져 있다.

BPMS는 업무 프로세스와 워크플로 템플릿을 갖추고 있으며 템플릿 등록과 설정을 해서 이용하면 업무 분석부터 개선 단계로 올라갈 수 있다.

BPMS는 크게 다음 2가지 특징이 있다.

① 프로세스와 데이터 플로의 변경이 용이

예를 들면 어느 프로세스를 1단계 삭감하거나 데이터 플로를 변경하는 일을, 표시된 템플릿의 도형을 삭제하거나 이동시킴으로써 간단하게 실현할 수 있다. 그림 4.23에서 말하면 BPMS상에서 프로세스 C의 액티비티 자체를 삭제하거나 프로세스 D의 액티비티를 마우스로 드래그해서 G의 위치로 이동시킬 수 있다.

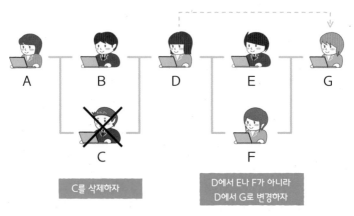

C를 삭제하자

D에서 E나 F가 아니라
D에서 G로 변경하자

그림 4.23 프로세스 삭감, 데이터 플로 변경

② 자율적 분석에 의한 솔루션

또한 BPMS에서는 액티비티별로 처리량과 처리 시간 등을 기록하고 변경하는 것이 나은 액티비티에 관해 분석 결과를 제시해준다(그림 4.24). B는 70, C는 30이라는 구체적인 수치로 C의 개선 가능성을 시사한다.

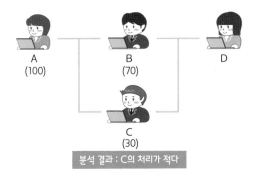

그림 4.24 자율적인 분석

일반적인 업무 시스템의 경우 처리량을 자동으로 산출하려면 전용 프로그램을 개발해서 추가해야 하지만 BPMS에는 이미 기능이 내장되어 있다.

4.7.2 RPA와 BPMS의 관계

RPA와 BPMS의 관계에 대해 살펴보면, 원래 BPMS를 개발·판매하던 벤더는 BPMS를 보완하는 형태로 RPA를 제공하고 있다.

BPMS를 활용해서 업무 프로세스를 개선하지만 BPMS는 프로세스 전체를 파악하는 역할을 하고 RPA는 개별 액티비티에 존재하는 사람의 조작을 자동화하는 역할을 한다.

기업이나 단체에는 품의서가 여러 사람을 거쳐 결재 책임자에게 도달하는 업무 등이 있는데, 이때 BPMS는 일련의 프로세스 전체를 보고 RPA는 정기적으로 입력 항목을 확인한다.

이상과 같은 개념이 현재 주류를 이루고 있으며 RPA와 BPMS의 관계는 다음과 같다(그림 4.25).

① BPMS의 워크플로에서 각 액티비티의 개선을 위해 RPA를 활용한다.

② BPMS의 워크플로 외부에 존재하는 수작업 입력 등의 조작을 자동화하기 위해 RPA를 활용한다.

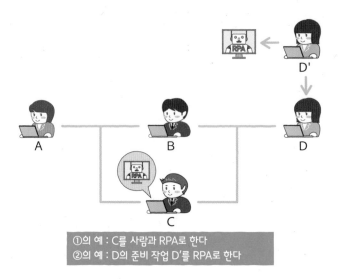

 안에 다음 텍스트가 포함되어 있습니다:

①의 예 : C를 사람과 RPA로 한다
②의 예 : D의 준비 작업 D'를 RPA로 한다

4.25 BPMS와 RPA의 연계 예

　BPMS와 RPA를 연계하면 자율적인 개선이 가능해진다.
　BPMS는 사람의 업무 흐름을 매니지먼트하지만 제품에 따라서는 로봇(RPA)을 추가해서 업무 전체의 매니지먼트 시점에서 사람과 로봇의 공존을 실현할 수 있다.

4.8 EUC와 RPA

4.8.1 EUC란

EUC란 User Computing의 약칭이다. EUC는 시스템을 이용하는 부문, 조직, 개인이 직접 시스템과 소프트웨어를 구축하는 활동을 말한다.

기업의 경우 부문 전체에서 사용하는 시스템이라기보다 업무 시스템의 서브 시스템으로서 소규모 애플리케이션을 사용자가 개발하고 직접 운용도 하고 있는 예가 많다.

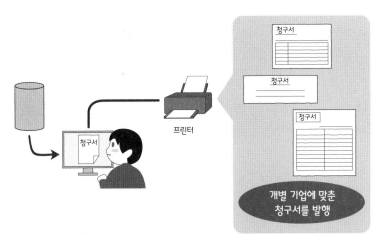

그림 4.26 EUC의 일례:청구서 발행 시스템

그림 4.26과 같이 종류가 많고 레이아웃이 수시로 변경되는 서류 발급 업무는 변경할 때마다 정보 시스템 부문 담당자에게 부탁하거나 IT 벤더를 불러야 한다면 비효율적이기 때문에 EUC를 운용하기에 적합하다.

RPA 도입 시에 EUC가 거론되는 것은 로봇을 사용하는 엔드유저가 직접 개발하는 것이 적절하지 않을까 하는 생각에서이다. 확실히 이 업무를 담당 또는 감독하고 있는 본인들이 로봇을 개발하는 편이 설계에 문제가 없다는 의견은 많을 것이다.

4.8.2 필자의 EUC

EUC는 시스템의 규모는 차치하고 시스템 또는 업무 애플리케이션의 개발과 운용을 사용자가 수행하는 활동이다. 때문에 RPA를 도입해서 운용하는 것과 EUC라는 활동은 같은 차원이 아닐까 생각한다.

필자는 많은 컨설턴트와 엔지니어의 매니지먼트를 담당하고 있다. 근무 상황을 매니지먼트하는 시스템, 프로젝트의 가동 상황을 확인하는 시스템 등을 이용하고 있다. 일상적으로는 딱히 다른 시스템의 필요성은 느끼지 못한다.

그러나 인사와 관련된 업무 평가에 한해서는 제공되고 있는 시스템이 현장의 개별 사정을 반영하지 못하기 때문에 독자의 업적 평가 시스템(Performance Evaluation System, 필자는 PES라고 부른다)을 구축해서 평가 시기가 되면 이용하고 있다.

PES로 평가를 확정해서 부문 시스템에 반영하고 있다.

PES는 액세스로 개발하며 프로젝트의 평가와 프로젝트 평가로는 실현할 수 없는 특별한 개인의 활약상, 자질 및 피드백 관리 등으로 구성되어 있다.

이처럼 EUC로서 구축한 애플리케이션은 규모와는 별도로 인재의 평가라는 하나의 업무 프로세스를 가동하고 있다.

4.8.3 RPA는 툴에 지나지 않는다

여기서 소개한 필자의 EUC 애플리케이션과 같은 업무를 RPA로 실현 가능한가 하면 그것은 불가능하다.

1.1.1에서 RPA는 자신 이외의 소프트웨어를 대상으로 해서 정의한 처리를 자동으로 실행하는 툴이라고 정의했다. RPA는 어디까지나 툴이므로 엔드유저가 로봇을 만들어서 운용한다는 얘기는 EUC로 업무 애플리케이션을 개발한다는 것이 아니라 사람의 업무 일부를 대행하는 단순한 활동이다(그림 4.27).

EUC는 수작업도 있지만 입력 ➡ 처리 ➡ 출력으로 하나의 업무 프로세스를 가동한다	RPA는 처리와 데이터를 연결하지만 RPA만으로는 하나의 업무 프로세스를 가동할 수 없다

그림 4.27 EUC는 완결, RPA는 일부

　방금 전 예로 든 청구서 발행 시스템, 필자의 PES 모두 RPA로 그대로 대체하는 것은 불가능하다.

　다른 관점에서 현실적인 이야기를 하면 엑셀이나 액세스로 개발하는 편이 효율적이고 저렴한 업무이기도 하다. 그러나 엔드유저가 직접 로봇을 작성하는 대응은 향후 확대할 것으로 예측한다.

4.9 IoT 로봇

4.9.1 IoT 로봇이란?

현재의 로봇 붐은 제3차 로봇 붐이라고 불린다. 제3차 로봇 붐의 로봇들은 시대를 반영해서 IoT 로봇이라고 불리기도 한다. 최근 확산되고 있는 인공지능 스피커도 기능에 따라서는 여기에 포함될 것이다.

여기에서 IoT 로봇이라고 말하는 것은 공장에서 조립과 용접 등에 사용되는 기존의 산업용 로봇이 아니라 소프트뱅크의 페퍼(Pepper)와 소니에서 재발매하는 아이보(aibo) 등 최근 화제가 되고 있는 커뮤니케이션 기능을 가진 로봇이다.

덧붙이면 제1차 로봇 붐은 1980년대 공장 등에서 사용되는 산업용 로봇을, 제2차 로봇 붐은 혼다의 아시모(ASIMO)와 소니의 AIBO(현 aibo) 등이 등장한 2000년경이라고 한다.

필자는 제2차 로봇 붐인 2000년대 초반에 로봇 산업에 종사했다. 당시의 로봇은 로봇의 시야에 움직이는 물체가 들어오면(화상에 변화가 생기면) 등록한 어드레스로 메일을 보내고 간단한 인사를 나누는 등의 기능이 전부였다. 또한 제2차 로봇 붐에 등장한 로봇 중에는 다양한 센서를 탑재했을 뿐 아니라 인터넷에 접속할 수 있는 제품도 많이 있었다.

따라서 제3차 로봇 붐에 등장한 로봇의 원형은 제2차 로봇 붐 시대에 완성됐다고도 할 수 있다.

4.9.2 IoT 로봇의 기능

제3차 로봇을 제2차와 비교하면 다음의 3가지 기능이 현저히 향상했다.

• 통신 성능
• 입력된 정보에 대해 제어에서 출력까지의 응답
• 음성인식, 화상인식 등의 입력 장치와 소프트웨어

물론 디자인도 세련돼졌다.

제3차 로봇 붐의 커뮤니케이션 기능을 갖춘 로봇은 인터넷에 접속해서 IoT 를 실현하는 형태 중 하나일 뿐 아니라 로봇으로서 공통된 특징이 있다. 한마디로 말한다면 입력·제어·출력이라는 프로세스로 동작이 실행되는 것이다. 각각의 프로세스에 대해 자세하게 살펴본다.

🆁🅿🅰 입력

음성인식, 화상인식 등의 각종 센서에 의한 감지와 인식 등에서 사람과 그 외 사물의 변화와 이벤트를 감지한다.

입력은 화상의 변화, 음성의 수신 등과 같이 센서 등으로 이벤트를 포착한다고 생각해도 무방하다(그림 4.28).

그림 4.28 입력 예

🆁🅿🅰 제어와 출력

입력에 따라서 어떠한 동작을 할지 프로그램되어 있다. 간단한 예를 들면 다음과 같은 것이 있다(그림 4.29).

〈마이크와 음성인식 예〉
- 로봇의 일부인 마이크가 음성을 수신한다(입력)
- '안녕'이라고 음성을 인식하면
- '안녕'이라고 스피커에서 대답한다

〈카메라 예〉
- 화상에 변화가 생기면(입력)
- 녹화를 개시한다

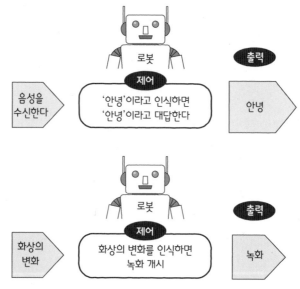

그림 4.29 제어와 출력 예

IoT 로봇은 방대한 In Case와 if문의 집합체인 것을 알 수 있다.

4.9.3 IoT 로봇과 RPA의 공통점

RPA도 로보틱(Robotic)이라고 불리듯이 자동으로 움직이는 로봇의 측면이 있다.

제5장에서 소프트웨어로서 상세하게 해설하겠지만 RPA를 IoT 로봇의 입력과 마찬가지로 이벤트 기반으로 인식하고 처리를 실행하도록 설계하면 다양한 처리와 동작을 실현할 수 있다. 4.4.6에서 아버지가 컴퓨터 앞에 앉으면 RPA가 처리를 실행하는 예를 들었는데, 이 예도 이벤트 기반의 하나이다.

각종 센서와 인식 장치의 수에 비례해서 RPA를 이용할 수 있는 상황이 늘어날 가능성이 있다. 이때 물리적인 IoT 로봇, IoT 로봇과 같은 기능을 갖고 있는 AI 스피커 등은 좋은 단서가 되어 줄 것이다. IoT 로봇과 AI 스피커는 사내의 업무 프로세스 중에서 사용하는 일은 거의 없다.

그러나 '만약 업무 프로세스 중에서 그것들을 사용한다면?'이라고 생각하면 다양한 아이디어가 생겨난다. 예를 들면 '청구서 발행, 900500'이라고 컴퓨터에 말을 건다면 마이크를 경유해서 음성이 인식되고 900500이라는 고객 ID로 관리되고 있는 고객 기업의 당월분 청구서가 발행되는 식이다(그림 4.30).

그림 4.30 음성을 입력으로 하는 예

컴퓨터가 상대이므로 IoT 로봇과 AI 스피커와 같은 재미와 귀여움은 없지만 음성인식과 조합하면 편리하다.

4.10 업무 자동화의 실현

4.10.1 각 기술의 조합

여기까지 엑셀의 매크로, AI, BPM, OCR, EUC, IoT 로봇 등 RPA와 유사한 기술을 소개했다. 이들 대부분은 사무 업무의 자동화에 빼놓을 수 없는 기술이기도 하다.

이 책은 RPA의 구조에 관한 서적이므로 RPA 중심으로 설명하지만 기업이나 단체에서는 사무 생산 혁신 활동을 위해 지금까지 소개한 기술을 조합해서 사용하고 있다. 물론 새로이 시스템을 개발하는 선택지도 있다.

4.10.2 적용 영역의 차이

2.6에서도 설명했지만 RPA 단독뿐 아니라 다른 기술과 조합하면 도입 결과는 절대적이다. 어느 업무를 자동화하고자 할 때 무턱대고 RPA로 시작할 것이 아니라 다양한 선택지를 고려하면서 객관적으로 적절한 기술을 선정하기 바란다. 각 항에서도 설명했지만 기술에 따라서 적용 영역이 다르다. 때문에 그림 4.31과 같은 이미지를 그려서 선정을 검토하는 것이 좋다.

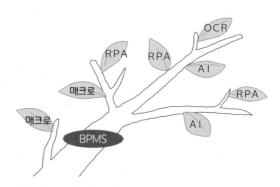

그림 4.31 적용 영역의 차이~잎과 줄기의 차이

OCR은 입력을 자동화하는 것이므로 도입할 수 있는 장소는 쉽게 판단할 수 있다. 엑셀의 매크로, AI, RPA는 다양한 부분에 잎과 같이 '점(点)'으로 적용할 수 있다.

BPMS는 나무의 줄기와 가지에 해당하여 '선(線)'이지만 한 번 도입하면 줄기와 가지의 형태를 간단히 변경할 수 있다. 실제 식물은 어렵지만 BPMS라면 쉽다.

4.10.3 자동화 모델

이번 장의 마지막에서 사무 업무의 자동화를 실현하는 모델을 살펴본다. 그림 4.32에서는 다음과 같이 다양한 기술을 연계해서 활용하고 있다.

- OCR: 데이터 입력
- 매크로: RPA와 AI의 처리 지원(데이터 정리와 추출 등)
- RPA: 데이터 입력·확인
- AI: 과거의 데이터에서 머신러닝으로 판단, '특정'을 위한 인식
- BPMS: 워크플로의 제어, 효율적인 인재의 배치와 RPA 등의 활용

이러한 모든 기술을 활용한다면 사무 생산성은 혁신적으로 높아진다. 실제로 그림 4.32와 같은 구성으로 구현하고 있는 업무도 있다.

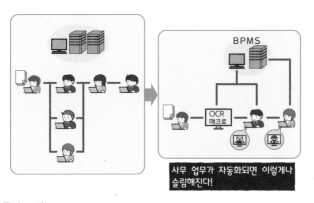

그림 4.32 자동화 모델

이상으로 자동화에 필요한 다양한 기술을 살펴봤다. 시스템의 설계와 개발, 나아가 더 세부적으로 접근하면 프로그램이 된다.

RPA와 유사한 기술을 활용할 수 있으면 지금까지 없던 독창적인 시스템을 만들어낼 수 있을 것이다. 이를 실현하는 열쇠는 다양한 기술을 객관적으로 평가·이해하고 아이디어에 기초해서 적용하는 것이다.

RPA가 중심 존재가 되려면?

인공지능(AI)이라는 단어는 어린 아이들에게도 친숙해진 반면 RPA라는 단어는 직업이나 세대를 초월해서 일반화되지 못했다.

AI는 Windows 컴퓨터뿐 아니라 가전제품이나 휴대전화 등 디바이스를 가리지 않고 전개되고 있다. 반면 OCR 등도 실용상 편리성이 높지만 비즈니에 국한되어 활용되고 있다. 따라서 일반인에게 OCR 이야기를 해도 통할지는 알 수 없다.

1980년대·1990년대에 태어나 인터넷이 보편화된 환경에서 자란 세대를 밀레니엄 세대(Millennial Generation)라고 부른다. RPA가 시민권을 얻기 위해서는 밀레니엄 세대인 그들의 지지가 필수이다.

그러려면 아이폰이나 안드로이드와 같은 스마트폰으로 동작하는 RPA의 등장이 기대된다. 대학생과 나아가 고등학생이 스마트폰으로 사용하는 RPA를 제공할 수 있으면 순식간에 중심 소프트웨어로 등극할 것이다.

현재 판매되고 있는 RPA 소프트웨어는 모두 Windows에 대응하고 있다. 서버에는 Linux 대응판도 있다. 그러나 아이폰이나 안드로이드상에서 단독으로 동작하는 것은 집필 중인 현 시점(2018년 6월)에서는 없다.

RDA(Robotic Desktop Automation)라는 단어는 물론 알고 있지만 Robotic Smartphone Automation(RSA), Robotic Gadget Automation(RGA)은 들은 적도 없다. 제공만 할 수 있으면 성공이 보장되는 소프트웨어가 될 것 같은 기분이 든다.

예를 들면
달력의 4월 1일에 골프라고 입력하면 아래의 처리가 자동으로 실행된다.

- A골프장의 예약 사이트에서 가장 빠른 시간을 예약
- 달력에 시간을 입력
- 골프 치러 간다고 가족 앞으로 메일 전송

※A골프장에서 예약이 불가능하면 B, C의 순서대로 돈다

그림 4.33 스마트폰에서 동작하는 RPA 예

제 5 장

소프트웨어로서의 RPA

5.1 소프트웨어로서 RPA의 자리매김

소프트웨어라고 하면 OS(Operating System), 미들웨어, 애플리케이션의 3계층으로 논한다. OS는 애플리케이션 및 미들웨어와 하드웨어 간에서 각종 인터페이스의 제공과 하드웨어의 리소스를 관리하는 역할을 하며 미들웨어는 OS와 애플리케이션 간에서 OS의 기능 확장과 애플리케이션에 공통되는 기능을 제공한다. RPA는 OS는 아니지만 미들웨어인지 애플리케이션인지 다시금 생각해보자.

5.1.1 3계층의 소프트웨어

OS, 미들웨어, 애플리케이션의 3계층을 그림 5.1과 같이 표현한다. 가장 아래 층에 하드웨어를 추가하고 미들웨어에는 대중적인 DBMS, 웹 서버를 넣어봤다.

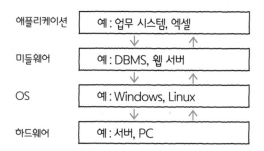

그림 5.1 소프트웨어의 계층

5.1.2 하드웨어의 계층에서 RPA의 자리매김

그림 5.1 안에 RPA를 자리매김한다고 하면 어디가 될까. OS가 아니라는 것은 바로 알 수 있다. 또한 OS와 애플리케이션 사이에 들어가는 것도 아니므로 미들웨어도 아니다.

RPA는 애플리케이션의 하나이지만 업무 시스템과 OA 툴 등의 애플리케이션을 데이터와 각종 처리를 통해 횡단적으로 연결하는 역할을 한다(그림 5.2).

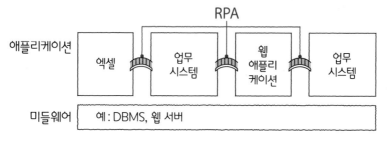

그림 5.2 RPA의 자리매김

'연결한다'라는 점에 착안하면 RPA는 가교와 같은 존재이다. 미들웨어는 수직 방향으로는 공통 기반이지만 RPA는 수평 방향으로 횡단적으로 애플리케이션을 연결한다.

이렇게 보면 애플리케이션이지만 독특한 존재라고 할 수 있다.

5.1.3 RPA는 프로그래밍 언어는 아니다

만일을 위해 또 한 가지 확인하고 넘어간다. 애플리케이션을 구성하는 실행 형식의 프로그램 파일을 개발할 때는 Visual Basic과 C#, Java, 식상하지만 C 언어와 코볼(COBOL) 등 프로그래밍 언어를 사용한다.

RPA는 각 제품이 독자의 개발 환경을 갖고 있다. 개발 환경상에서 로봇 파일을 개발하지만 프로그래밍 언어는 아니다. 코드를 적는 게 아니라 설정과 선택 방식으로 진행한다.

5.2 RPA의 기능

5.2.1 RPA에는 3가지 기능이 있다

제1장에서 RPA의 정의 및 소프트웨어로서의 물리 구성을 설명했다. 다시 한 번 기능을 확인한다.

RPA의 기능은 크게 다음 3가지이다.

- 정의: 로봇의 처리를 정의한다
- 실행: 정의된 처리를 실행한다
- 운용 관리: 로봇의 가동 상태, 실행 결과 취득, 스케줄과 프로세스 관리

RPA의 기능은 '정의, 실행, 운용 관리'라고 기억하자.

5.2.2 기능과 물리 구성

기능과 물리 구성을 아울러 생각하면 그림 5.3과 같다.

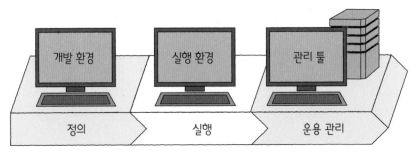

그림 5.3 기능과 물리 구성

그림 5.3에서는 개발 환경에서 정의된 로봇 파일이 실행 환경에서 자동으로 실행되고 관리 툴에 의해서 운용 관리되는 것을 표현하고 있다.

마침내 1.1.1에서 설명한 정의, 1.3의 물리 구성, 나아가 기능의 모든 것을 결부지어 설명할 수 있게 됐다.

5.3 RPA 소프트웨어의 초기 화면

5.3.1 RPA의 초기 화면 이미지

RPA 소프트웨어를 처음 사용할 때 보는 화면은 처리를 정의하는 화면이다. 객체 지향 프로그래밍 언어의 개발 환경과 같은 화면으로 업무 애플리케이션과 같이 메뉴가 나열되어 있는 화면이나 워드와 같은 심플한 화면도 아니다.

초기 화면은 정의를 수행하는 화면이고 RPA 소프트웨어 제품에서 표시되는 각종 창은 거의 같으며 다음과 같다(그림 5.4).

- 로봇의 시나리오 전체
- 솔루션 탐색기(프로젝트 등의 관계를 나타낸다)
- 속성

기타에는 오브젝트와 디버그 화면 등이 표시된다. 기본적으로는 객체 지향 화면이다.

그림 5.4 RPA의 초기 화면 이미지

물론 각 하드웨어의 위치는 간단히 변경 가능하다. 디폴트는 시나리오 전체의 창이 중앙에 있고 솔루션 탐색기, 속성 등의 표시는 좌우에 배치되어 있다. 제품에 따라서는 변수와 객체 정보가 화면 하부 등에 배치되어 있다. 개발 경험자라면 Visual Studio 화면을 상상하기 바란다. 참고로 Visual Studio의 초기 화면을 살펴본다(그림 5.5).

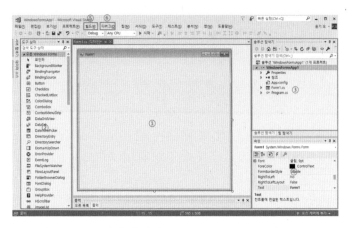

그림 5.5 Visual Studio 2017의 초기 화면

Visual Studio는 중앙에 디자인 창(①)이 있고 왼쪽에 도구 상자(②), 오른쪽에 솔루션 탐색기(③)와 속성(④)이 있다. 각각의 표시 위치와 크기는 개발자의 취향에 따라 변경할 수 있다.

상부의 메뉴에 빌드(⑤)와 디버그(⑥)가 있다. 빌드로 실행 파일 등을 생성하고 디버그로 검증한다. RPA 소프트웨어에도 같은 기능은 있다.

5.3.2 시나리오의 블록 도형

어떤 객체에 대해 하나라도 정의하면 로봇의 시나리오 전체를 나타내는 화면에 그림 5.6과 같이 블록 도형이 표시된다. 블록 도형은 직사각형, 홈베이스형, 모서리가 둥근 사각형 등 제품에 따라서 다양하다.

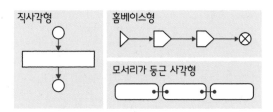

그림 5.6 시나리오의 블록 도형 예

5.4 기존 애플리케이션과 RPA의 관계

5.4.1 복수의 애플리케이션을 연결한다

　RPA는 자신 외의 기존 애플리케이션을 대상으로 해서 처리를 실행한다. 가령 애플리케이션 A의 고객 데이터를 애플리케이션 B에 복사한다고 하자. 실무상 업무 시스템에서 별도의 업무 시스템으로 작업자가 마우스를 조작해서 데이터를 복사해서 연결한다.

　데이터를 그대로 복사해서 입력하는 경우도 있는가 하면 작업자가 이름과 전화번호를 복사해서 업무 시스템상에 이미 해당 이름이나 고객 코드가 존재하는지 데이터를 참조·확인하는 일도 있다.

5.4.2 연결한다 = 데이터의 이동

　'연결한다'고 한 마디로 표현했지만 데스크톱상에서 데이터를 복사해서 붙이는 것을 데이터의 항목 수에 따라서 조작 실행하고 있다(그림 5.7).

　바로 이 데이터의 이동이 RPA의 구조를 살펴보는 데 있어 중요하다. 간단하게 정리하면 다음 페이지와 같이 몇 가지 유형으로 나뉜다.

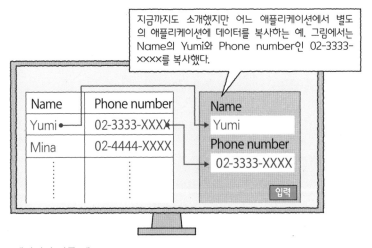

그림 5.7 데이터의 이동 예

데이터베이스로 연결하는 유형

이동하는 데이터를 데이터베이스에 저장한다. 보다 정확하게 말하면 복사할 데이터를 데이터베이스에 저장하고 갖다 붙일 때는 데이터베이스에서 꺼낸다(그림 5.8).

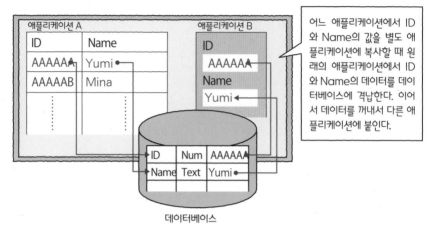

어느 애플리케이션에서 ID 와 Name의 값을 별도 애플리케이션에 복사할 때 원래의 애플리케이션에서 ID 와 Name의 데이터를 데이터베이스에 격납한다. 이어서 데이터를 꺼내서 다른 애플리케이션에 붙인다.

그림 5.8 데이터베이스로 연결한다

앞서 설명한 이름과 전화번호를 예로 들면 Name, Phone number 등이라고 명명하고 각각의 데이터형과 주 키 설정 등을 선언한다.

독자의 데이터베이스를 이용하는 타입과 Microsoft SQL Server나 Oracle 등과 연계하는 타입이 있다. 전자의 타입이라면 개발자는 데이터베이스라기보다 변수를 선언해서 연결하는 것처럼 느낄지도 모른다. 후자는 데이터베이스의 정의 그 자체이다.

데이터베이스로 각종 데이터를 정의하듯이 RPA도 표 5.1과 같이 정의할 수 있다.

표 5.1 변수의 속성 정의 예

Name	Type	Database Key
ID	Number	✓
Name	Text	
Zip code	Number	
Address	Text	
Phone Number	Number	

RPA 정의체로 연결하는 유형

애플리케이션 간의 데이터 이동 시에 전용 화면과 정의 파일 등의 정의체를 작성해서 데이터를 임시로 받는 유형이다(그림 5.9).

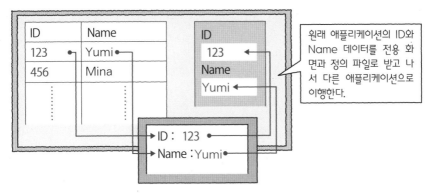

그림 5.9 정의체로 연결한다

RPA 복사 & 붙이기로 연결하는 유형

작업자가 복사를 하는 데이터는 대량일 거라는 전제하에 데이터베이스와 전용 정의체를 작성하는 게 아니라 마우스로 복사해서 클립보드를 경유하는 방법으로 사용하는 것이다(그림 5.10). 데스크톱용 RDA 제품에는 이러한 타입도 있다.

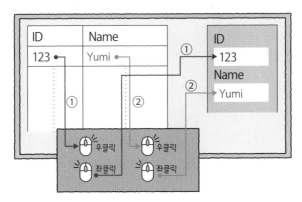

그림 5.10 복사 & 붙이기로 연결한다

5.4.3 각각의 활약 무대

데이터베이스로 연결하는 유형은 대량의 데이터 입력·확인 등에 적합하다. 또한 비교적 대규모 데이터를 취급하는 업무에도 적합하다.

정의체로 연결하는 타입은 Windows 애플리케이션의 프로그래밍 경험자 입장에서 보면 그 연장선상에 존재하는 정의 방식이다. 로봇을 개발한다기보다 Windows 애플리케이션을 개발하는 느낌으로 로봇 파일의 개발을 추진할 수 있다.

데스크톱 단독으로 운용하거나 소규모 업무라면 복사 & 붙이기로도 대응 가능할 것이다.

5.5 실행 타이밍

어떤 시스템이나 소프트웨어든 실행 타이밍은 신중하게 검토한다. RPA의 로봇 파일은 크게 3가지 실행 타이밍이 있다.

5.5.1 사람에 의한 실행

사람이 실행 타이밍을 지시한다. 예를 들면 데스크톱상에서 업무를 마치면 그 후에 필요한 로봇 파일의 실행을 작업자가 시작한다. 휴먼 드리븐이라고 말해도 좋을지 모른다.

① A씨가 데이터 입력 작업을 완료하면
② 로봇 파일이 데이터 확인 작업을 하고
③ B씨가 추가 입력 작업을 한다

A씨가 자신의 입력 작업을 마치면 A씨가 직접 로봇 파일의 실행을 시작하고 로봇 파일의 실행이 개시되는 절차이다. 그리고 로봇 파일의 처리 종료를 B씨가 확인한다.
현업 부문의 유저가 실행 타이밍을 제어하는 경우라고도 할 수 있다.

A씨가 데이터 입력 작업　　　A씨가 RPA를 시작　　　B씨가 완료를 확인하고
　　　　　　　　　　　　　데이터 확인 작업　　　　추가 입력 작업

그림 5.11 사람에 의한 실행

스케줄러로 사전에 정해둔 일시와 정기 간격으로 처리를 실행한다. 주로 다음 3가지가 있다.

- Windows의 작업 스케줄러로 설정한다
- 로봇 파일로 스케줄을 정의한다
- 관리 툴로 스케줄을 정의한다

RPA 작업 스케줄러로 설정

Windows 컨트롤 패널 항목 중 하나에 관리 툴이 있다. 또한 그중에 작업 스케줄러가 있고, 여기서 로봇 파일의 실행을 작업의 하나로 정의한다(그림 5.12).

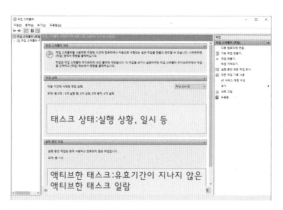

그림 5.12 Windows의 태스크 스케줄러 화면

RPA 로봇 파일로 정의

로봇 파일로 스케줄을 정의한다. 관리 툴이 없는 RDA의 카테고리에 들어가는 소프트웨어에서 이용되는 방법이다.

단독 데스크톱 안에서의 정기 실행이라면 다른 리소스와의 연관도 있기 때문에 작업 스케줄러로 설정할 것을 추천한다.

RPA 관리 툴로 정의

관리 툴을 갖춘 RPA 소프트웨어는 관리 툴로 설정하는 것이 기본이다. 세 10장에서 소개하는 관리 툴의 샘플 화상을 보면 직감적으로 사용하기 쉽게 화면이 구성되어 있다.

화면의 레이아웃은 제품에 따라서 다르지만 로봇 파일을 스케줄링하는 설정 절차와 방법 등은 대체적으로 같다.

사람에 의한 실행에서는 사용자가 실행을 제어한다고 말했지만 스케줄러를 설정하는 것은 시스템 관리자와 개발자이기 때문에 시스템 관리자 또는 개발자가 실행을 제어한다고 할 수 있다.

5.5.3 이벤트 기반의 실행

이벤트에 기인해서 로봇 파일을 실행시킨다. 예를 들면 어느 창이 열리거나 닫히면 로봇 파일이 동작을 개시하고 또는 어느 데이터 파일이 갱신되면 실행하는 등 다양한 경우가 있다.

이벤트 기반은 사람에 의한 실행이나 스케줄러와 비교하면 누가 실행을 제어했는지를 확신하는 것은 어렵지만 현장의 프로세스 진척과 사람의 업무 상황에 의지하는 바가 크다고 할 수 있다.

칼럼

데이터 드리븐과 RPA

빅데이터 분석 등에 대한 니즈가 고조되고 있다. 데이터 드리븐과 RPA는 어떤 관계가 있는지 궁금한 사람도 있을 것이다.

기존의 RPA는 데이터를 수집해서 분석하는 기능은 갖고 있지 않기 때문에 데이터 드리븐으로 RPA가 실행되는 일은 없다. 물론 RPA의 조작 로그와 관련하는 사람의 조작 로그 등을 해석해서 사람의 판단을 수반하는 조작도 RPA가 지원할 수 있도록 연구가 진행되고 있다.

또한 일부 RPA 제품은 AI와 연계되어 있기 때문에 AI가 데이터를 분석하고 그 결과를 토대로 로봇 파일이 실행되는 일은 있을 수 있다.

어쨌든 현 시점에서는 데이터 기반과 같은 의미에서 실행되는 일은 없다.

5.6 데이터 처리

방금 전의 2가지 애플리케이션 예에서 RPA가 어떻게 데이터를 보관하고 있는지를 살펴봤다. 여기서는 데이터 처리 관점에서 알아본다.

데이터 처리로는 자신 외의 애플리케이션에서 취득하는 외부 데이터와 RPA 자신이 갖고 있는 내부 데이터가 있다.

5.6.1 외부 데이터

대상이 되는 애플리케이션 파일을 읽어들이고 애플리케이션 간의 데이터를 건네기 위한 컷&페이스트로 일시적으로 데이터를 보관하는 등 로봇의 동작 대상에서 취득하는 데이터이다.

독자의 데이터베이스를 갖추고 있는 제품과 Microsoft SQL Server나 Oracle 등의 데이터베이스 소프트웨어를 연계해서 대량의 데이터 처리와 입출력 효율을 높인 제품도 있다.

데이터베이스와 연계하는 경우에는 관리 툴을 경유해서 연계한다. 구조화한 데이터의 정의를 하고 있는 점에서 이러한 처리를 전문으로 하고 있다.

5.6.2 내부 데이터

대표적인 내부 데이터는 로봇 파일의 동작 로그 데이터이다. 실행 대상과 실행한 처리, 타임 스탬프, Yes/No 등의 다양한 정보를 얻을 수 있다.

실행 후의 에러 해석에 로그 데이터를 사용하기 때문에 중요한 데이터이다. 로그 데이터는 물리적으로는 로봇 파일과 같은 단말기에 저장되는 제품과 서버에 있는 관리 툴에 저장되는 제품이 있다(그림 5.13).

관리 툴에서 저장하는 제품은 일수와 건수 등의 전제 조건을 설정해서 로그를 관리할 수 있다. 전용 뷰어로 볼 수도 있다. 계속해서 로그를 수집한다면 디스크가 아무리 있어도 부족하기 때문에 전제 조건을 설정할 수 있다는 것은 편리하다.

내부 데이터에는 로그 데이터 외에 스케줄과 유저 관리 테이블 등이 있고 이들은 관리 툴에 저장된다. RDA라면 단말기에 로그 데이터가 저장되며 RPA에서는 관리 툴에 저장된다.

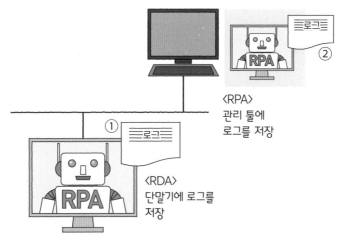

〈RPA〉
관리 툴에
로그를 저장

〈RDA〉
단말기에 로그를
저장

그림 5.13 로그 기록을 저장하는 방법은 물리적으로 2가지 유형

5.7 Windows 화면의 객체 인식 기술

Windows의 화면을 구성하는 객체 인식 기술 및 방식에는 크게 3가지가 있다.

5.7.1 속성 방식

대상이 되는 Windows의 화면을 구성하는 객체와 웹 애플리케이션의 HTML이나 페이지의 레이아웃과 디자인을 기술한 스타일 시트(Cascading Style Sheets)를 분석·인식하는 방식이다(그림 5.14).

실제 개발에서는 RPA의 개발 환경에서 이미 정의·등록되어 있는 웹 애플리케이션 등의 객체 패턴을 선택해서 인식시킨다.

정의 시에 객체를 읽어들이면 자동으로 인식한다.

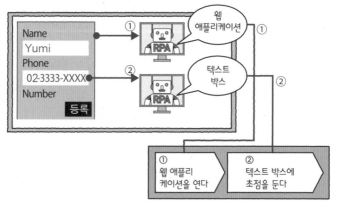

그림 5.14 속성 방식의 구조

5.7.2 화상 방식

문자열이나 화상을 조작 화면과 비교해서 객체를 인식하는 방식이다. 애플리케이션의 구조에 의존하지 않기 때문에 가용성은 뛰어나지만 저속이다. 그림 5.15와 같이 화상이 매치하고 있는지를 보고 있다.

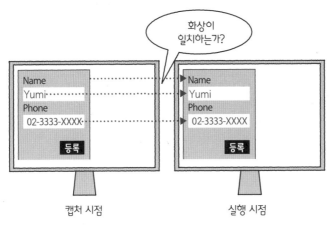

그림 5.15 화상 방식의 구조

5.7.3 좌표 방식

화면의 좌표 위치로 인식하는 방식이다. 다양한 애플리케이션에 대응이 가능하지만 화면의 디자인과 레이아웃이 변경되면 그에 따라 반드시 변경된다 (그림 5.16).

대상이 되는 객체의 위치를 x, y의 좌표로 파악해서 기억한다.

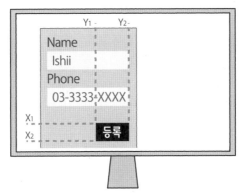

(X1, Y1), (X2, Y2)와 같이 좌표로 파악한다

그림 5.16 좌표 방식의 구조

5.8 실행 형식 파일의 작성

5.8.1 일반적인 애플리케이션 개발에서 실행 형식 파일의 작성

일반적인 애플리케이션 개발에서는 프로그래밍 언어를 사용해서 작성한 소스 파일을 컴파일한다.

컴파일 결과 기계어로 번역된 객체 파일이 생성되므로 라이브러리 등과 조합되는 링크에 의해 실행 파일을 작성한다.

간단하게 말하면 소스 코드를 작성해서 저장 후 컴파일, 링크를 실행해서 실행 형식의 파일을 작성하고 있다.

Windows를 전제로 하면 다른 파일의 기능도 이용 가능한 DLL(Dynamic Link Library)을 로드해서 호출하는 것도 가능한 것이 현 프로그래밍의 기본이 되고 있다(그림 5.17).

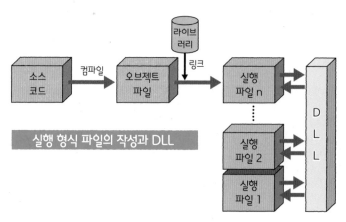

그림 5.17 실행 형식 파일의 작성과 DLL

5.8.2 RPA의 실행 형식 파일 작성

이 책에서는 RPA의 실행 형식 파일을 로봇 파일이라고 부르는데, 로봇 파일을 작성할 때 컴파일은 없다.

오브젝트 파일의 작성부터 개시해서 실행 환경 중에 존재하고 있는 라이브러리에 링크하므로 컴파일은 불필요하다. 바꾸어 말하면 종료된 RPA 소프트웨어의 환경에서 처리가 실행된다(그림 5.18).

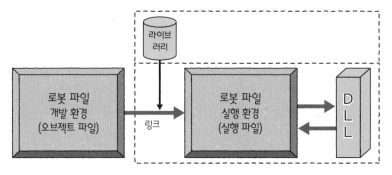

그림 5.18 RPA의 실행 형식 파일 작성

구조가 심플해서 프로그래밍 언어와 시스템 개발 경험이 없어도 작성할 수 있다. 그림 5.19를 보면 전체상을 파악할 수 있을 것으로 생각한다.

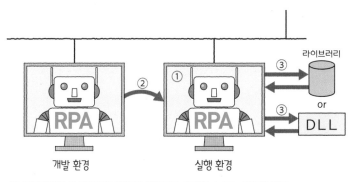

① 실행 환경으로서 지시를 받으면 언제라도 움직일 수 있는 로봇이 있다.
② 로봇에 처리의 정의체가 충전되면 로봇은 스스로 움직여서 처리를 실행한다.
③ 필요한 라이브러리와 DLL이 있으면 적당히 호출해서 이용한다

그림 5.19 물리 구성으로 본다

5.9 RPA 소프트웨어 시퀀스

5.9.1 동작 시퀀스

RPA 소프트웨어의 시퀀스는 관리 툴의 지시에 의한 경우와 RDA 등과 같이 데스크톱에서 스스로 시동하는 경우 2가지가 있다(그림 5.20).

그림 5.20 동작 시퀀스도

R̃PA 로봇 세팅

그림 5.20에는 없지만 로봇 세팅은 처리 전에 필수이다. RDA와 같이 단말기에 설치하는 형식과 관리 툴에서 배포하는 형식도 있다.

R̃PA 개시 지시·시동

서버 측 관리 툴의 개시 지시에 따라서 데스크톱에서 처리가 실행된다. 혹은 데스크톱에서 스스로 시동한다. 이벤트 기반의 시동도 포함된다.

R̃PA 처리 실행

로봇 파일에 정의되어 있는 처리를 실행한다.

R̃PA 완료 정보 취득·완료 통지

관리 툴이 완료 정보를 취득 혹은 데스크톱에서 완료 통지를 한다.

R̃PA 정기 감시

정기적으로 관리 툴에서 데스크톱의 가동 상황과 처리 완료를 감시한다.

제 6 장

로봇 개발

6.1 로봇 파일의 개발

6.1.1 기본은 프로그램 개발과 같다

로봇 파일의 개발은 기본적으로는 프로그램 개발을 하는 것과 큰 차이가 없다. RPA의 동작 대상이 되는 소프트웨어에 대해 어떤 처리를 실행할지를 정의한다.

다만 5.8에서도 해설한 바와 같이 프로그래밍 언어와 같이 제로 상태에서 코드를 적거나 정의할 필요는 없다. 대상이 되는 객체에 설정을 선택하고 조작을 기록하면 정의할 수 있다. 간단하게 표현한다면 설정의 연속이라고 할 수 있다.

6.1.2 가동까지 할 일

기본적으로는 그림 6.1과 같이 프로그램 개발과 절차가 같지만 RPA의 경우에는 마지막에 관리 툴에서 설정하는 단계가 있다.

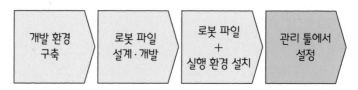

그림 6.1 로봇 파일의 가동까지의 절차

RPA 개발 환경 구축

각 제품 고유의 개발 환경이다. 보통은 처리를 실행하는 단말기와는 별도로 개발 환경용 단말기를 준비한다.

RPA 로봇 파일 설계·개발

개발 환경에서 로봇 파일의 개발을 진행한다. 로봇 파일에는 크게 3가지 타입이 있다(상세한 것은 6.2에서 설명한다). 디버그 기능으로 동작의 확인도 가능하다.

℞ 로봇 파일과 실행 환경 설치

로봇 파일을 실행시키는 데스크톱과 서버에 로봇 파일과 런타임 전용 실행 환경을 설치한다.

℞ 관리 툴에서 설정

RPA에서는 관리 툴의 지시에 의해 로봇 파일을 실행하기 때문에 관리 툴에서 동작 타이밍과 스케줄 등을 설정한다. 개발 환경의 구축에서 실행 형식의 파일과 실행 환경을 설치하기까지는 일반 프로그램 개발과 큰 차이는 없다. 관리 툴에서 설정하는 점이 다르다.

칼럼

프로그래밍 자질은 필요한가?

℞ 프로그래밍 자질은 반드시 필요하지 않다

시나리오를 작성할 때 프로그래밍 자질과 시스템 개발 경험은 필요할까. 대답은 '아니다'이다. 물론 경험이 있는 사람이라면 학습은 원활하게 추진한다. 이해하는 것도 빠를 것이다. 그러나 RPA 제품의 기본은 객체 타입이기 때문에 프로그래밍 언어에 관한 지식이 필수는 아니다. 다만 유의해야 할 포인트가 몇 가지 있다.

℞ 구조화 발상은 필요

RPA는 룰 베이스의 툴이라고도 한다. 업무 조작에서 정해진 룰에 따라서 로봇 시나리오를 정의해서 처리를 실행시키기 때문이다.

다음과 같은 프로세스로 업무 조작 룰을 정의하고 있다.

- 룰을 찾아낸다
- 룰의 상세를 확인한다
- 확인한 룰을 로봇 파일에 정의한다

실제로는 RPA 소프트웨어를 통해 컴퓨터가 처리할 수 있도록 정의하고 있으므로 정의 자체도 컴퓨터가 수행하는 방법으로 하지 않으면 안 된다.

중요한 것은 룰을 순차적으로 조건 분기, 반복 등의 개념으로 표현하는 것이다. 능숙한 사람은 무의식중에 하고 있는 행위이다.

로봇 개발

6.2 유형별 로봇 개발

로봇 파일의 개발은 RPA 시스템 개발의 핵심 중 하나이다.

로봇의 동작을 정의하는 것을 로봇의 시나리오를 작성한다고도 한다. 때문에 이제부터는 시나리오를 작성한다는 표현으로 바꾸어 설명한다.

시나리오 작성 방식에는 3가지 유형이 있다.

6.2.1 화면 캡처 유형

데스크톱에서 인간이 조작하고 있는 화면을 인식해서 기록한다. 동영상 촬영과 플립핑(flipping)을 만들듯이 조작 순서대로 기억시키는 방식이다. 4.2에서 설명한 엑셀의 매크로 기록을 떠올리면 좋을 것이다.

녹화 버튼을 클릭한 후에 기록하려는 처리를 실행한다.

화면 캡처 유형은 편리한 기능이므로 향후 구현된 제품이 늘 것으로 예상된다.

6.2.2 객체 유형

제품에서 제공되는 템플릿을 활용해서 시나리오를 작성하는 방식이다.

Windows 객체를 선택해서 정의를 추진한다.

객체 유형도 화면의 조작을 확인하면서 수행하지만 Windows 객체별로 화면을 멈추고 템플릿을 선택해서 정의한다. 동영상이나 플립핑보다는 종이 한 장 한 장의 뒷면에 시나리오를 그리는 이미지이다.

6.2.3 프로그래밍 유형

큰 의미에서는 객체 유형이다. 템플릿은 있지만 프로그래밍 언어를 활용해서 정의하는 방식이다.

마이크로소프트의 .NET Framework에서 사용되는 Visual Basic, C#, Java 등을 활용하는 제품이 있다. 사용되고 있는 프레임워크와 언어는 현재의 개발 현장에서 대중적이다.

3가지 유형으로 나누는 것은 시나리오 작성을 알기 쉽게 전달하기 위해서
이다. 제품의 대다수는 객체 유형을 베이스로 화면 캡처의 요소를 갖고 있고
혹은 프로그래밍 언어를 활용하는 식으로 정리할 수 있다.

5.7에서 설명한 객체를 인식하는 기술과도 관련되지만 시나리오 작성의 관
점에서 제품을 관리하면 그림 6.2와 같다. 예를 들면 제품 A는 객체와 프로
그래밍 유형을 갖추고 있고 제품 D는 화면 캡처와 객체의 방식을 갖추고 있
다는 의미가 된다.

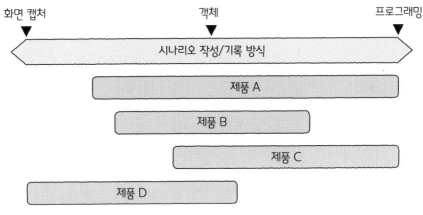

그림 6.2 시나리오 작성 유형과 제품 이미지

6.3 화면 캡처 유형 예 : 오토메이트원

화면 캡처 유형과 객체 유형의 일례로 그리드원에서 제공하는 오토메이트원(AutomateOne)을 소개한다. 한국 시장에서 도입 기업 수와 단체 수가 가장 많은 제품으로 알려져 있다. 오토메이트원은 비교적 알기 쉬운 오토레코딩 기능을 제공하기 때문에 약간의 훈련으로 바로 사용할 수 있는 제품으로 알려져 있다.

6.3.1 오토메이트원으로 작성하는 로봇 시나리오

웹 애플리케이션에서 회사 관련 기사를 검색 및 스크랩하여 엑셀 파일로 정리하는 과정이다. 지정한 웹 애플리케이션에서 회사명을 검색하여 데이터를 스크랩한 후 지정된 엑셀 파일 양식에 맞춰 정리한다.

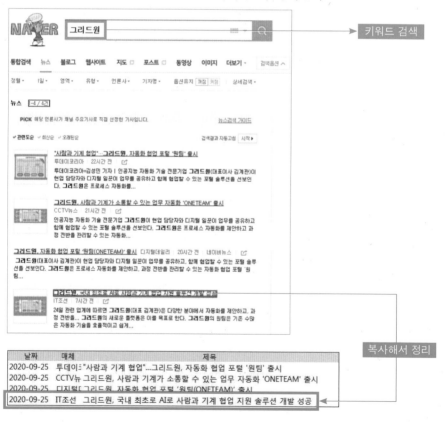

6.3.2 오토메이트원의 로봇 개발 순서

로봇의 주요 처리 사항은 다음과 같다.

- 웹 애플리케이션을 실행하여 데이터를 검색한다.
- 검색한 데이터 중 필요한 데이터를 스크랩핑한다.
- 엑셀 파일에 스크랩한 내용을 정리한다.
- 정리된 내용을 메일로 발송한다.

6.3.3 오토메이트원의 초기 화면과 실행 방법

아래의 그림은 오토메이트원의 초기 화면이다. 왼쪽에 신규 스크립트와 태스크 목록이 있는 저장소(①)가 있고, 우측에 다이어그램 형식의 스크립트 패키지(②)와 세부사항이 적혀 있는 태스크(③), 액션 목록(④)이 있다.

로봇 개발

태스크 생성과 액션 추가

태스크(①)를 끌어서 스크립트 패키지 창으로 드래그하면 태스크가 생성이 되며, 이때 태스크 명을 입력해야 한다.

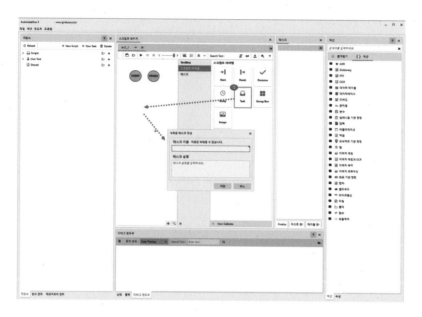

생성된 태스크에 로봇에게 필요한 액션을 추가한다. 액션 추가는 액션 목록(①)에서 드래그하여 태스크 창으로 이동하거나 태스크 스크립트 창에서 '+' 버튼(②)을 누른 후 원하는 액션을 선택할 수 있다.

변수 설정

변수는 액션별로 설정할 수 있으며, 유사하거나 묶음이 필요한 경우 액션 그룹(①)을 생성하여 관리할 수 있다. 액션 그룹은 액션 목록에서 태스크 창으로 드래그하면 자동 생성된다.

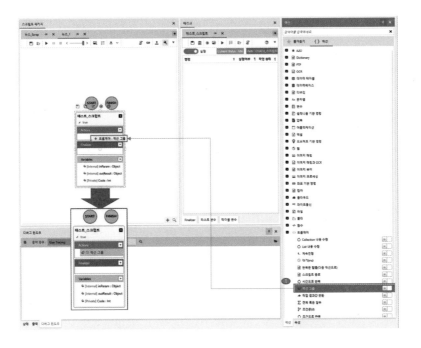

변수 설정은 프로세스상 변동되는 데이터가 있을 때를 대비하여 설정한다. 변수 설정은 액션 목록에서 변의 정의 액션(①)을 드래그하여 태스크에 추가하면 간편하게 정의를 내릴 수 있다. 변수 정의의 경우 액션 목록 우측 하단의 속성 탭(②)에서 변수 이름, 변수 정의, 변수 값 등을 세부적으로 설정해야 한다.

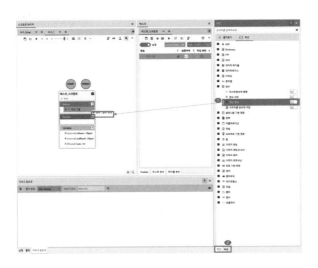

6.3.4 오토메이트원에서의 로봇 개발

🤖 웹 애플리케이션 실행

회사 관련 기사를 검색하기 위해서 웹 애플리케이션을 실행한다. 가장 먼저 액션 레코더(①)를 실행한다. 액션 레코드를 실행하는 동시에 화면에서 일하는 모든 동작들이 자동으로 스크립트 형식으로 기록된다. 특히, 동작하는 화면 (이미지)이 동시에 기록되는 것이 AO의

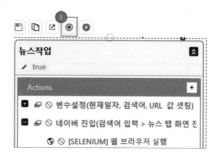

특징이다. 액션 레코더가 작동하면[1] 웹 애플리케이션 실행 창(②)을 통해 검색 사이트에 접속한다.

🤖 데이터 검색

데이터를 검색하는 과정은 웹 애플리케이션 화면의 검색창에 검색어를 입력하고, 검색 버튼을 누르는 일반적인 프로세스와 동일하다. 화면의 움직임이 그대로 스크립트에 액션으로 추가된다.

검색창에 그리드원 검색어 들어 있는 이미지 +
검색 버튼 이미지

해당 액션에 대한 AO 스크립트 화면

---

[1] 웹 애플리케이션 실행 방법은 웹 애플리케이션 실행창에 도메인 주소를 넣는 방법 외에 컴퓨터 화면상의 웹 애플리케이션 실행 아이콘을 클릭하는 방법도 가능하다.

검색 결과에서 '뉴스' 탭을 클릭하면, AO 스크립트 화면에서도 해당 액션
이 기록된다.

해당 업무의 반복 빈도를 고려하여 검색된 웹 페이지에서 '기간' 탭을 선택
한 후 검색 기간을 '1일'로 설정한다.

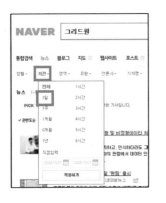

데이터 스크랩

검색된 기사를 스크랩하기 위해 ①액션 레코딩 시작 버튼을 클릭한 후
②기능 선택창을 열어 'Scrap 〉 Text' 기능을 선택한다.

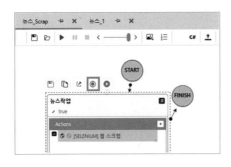
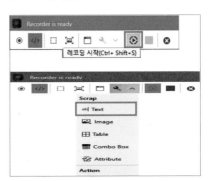

6

기사 제목에 마우스 커서를 가져다 놓으면 빨간색 영역이 잡히고, 마우스 왼쪽 버튼을 클릭하면 영역 속의 텍스트가 스크랩된다.

R_{PA} 변수 생성

기사 제목을 순차적으로 스크랩하기 위해 변수를 설정한다.

데이터 스크랩 명령으로 기록된 스크립트의 속성 창(화면 우측 하단 속성 탭 클릭)에서 (①)객체 검색 값[*2]을 입력한다.

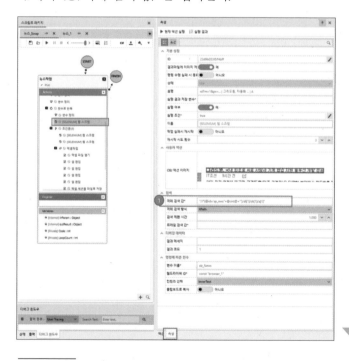

---

2 객체 검색 값 : "//*[@id='sp_nws' '+@i:int@+" ']/dl[1]/dt[1]/a[1]"

기사 제목이 스크랩된 객체 검색 값이 아래 내용과 같으며

객체 검색 값	"//*[@id='sp_nws1']/dl[1]/dt[1]/a[1]"

해당 내용을 아래 이미지와 같이 수정을 해준다.

∧ 검색	
① 객체 검색 값*	"//*[@id='sp_nws"+@i:int@+"']/dl[1]/dt[1]/a[1]"
객체 검색 방식	XPath

(②) 변수 이름을 자유롭게 변경하고, (③) 콘텐츠는 'innerText'를 선택한다.

명령어 실행을 실패한 경우, 다음 명령어를 계속할지 여부를 결정하기 위해
'아니요'로 선택한다.

True : 스크립트 실행 종료

False : 명령 실패해도 다음 명령 실행

(매체명, 기사 제목, URL 스크랩과 동일한 과정으로 스크립트를 작성한다.)

데이터 가공

스크랩한 데이터를 엑셀 파일에 정리한다.

액션 창에서 (①)'엑셀 파일 열기' 기능을 태스크 창으로 드래그하여 적용
한다.

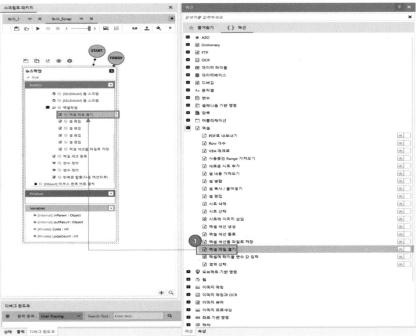

태스크에 적용된 '엑셀 파일 열기' 기능을 더블 클릭하여 속성창을 활성화한다.

(②)엑셀 파일 경로를 직접 입력하거나 (③)파일 찾기를 선택하여 지정한다.

(④)세션 이름을 입력한다.

'엑셀 파일 열기' 스크립트에 '셀 편집' 기능을 태스크에 드래그한다.

더블 클릭하여 '셀 편집' 속성창을 열어 'Cell에 입력할 값'[3], '세션 이름', '셀의 주소 값'을 입력한다.

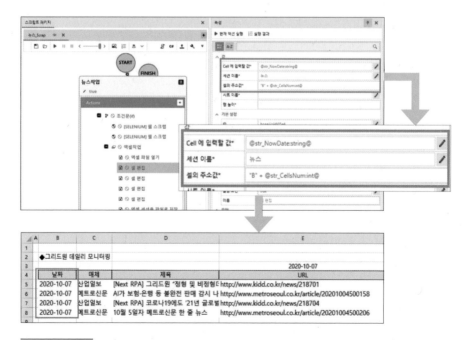

---

[3] Cell 에 입력할 값 : @str_News:string@ / 날짜 변수 값 가져오기 : str_News / 세션 이름 : 뉴스 / 셀의 주소 값 : "D + @str_CellsNum:int@

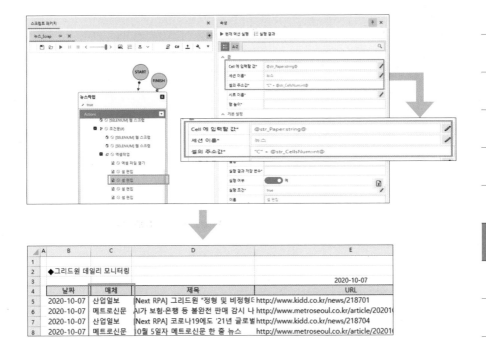

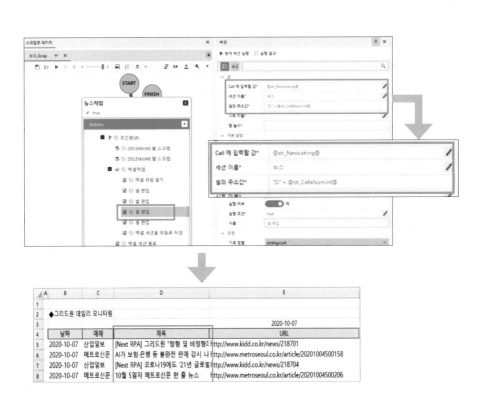

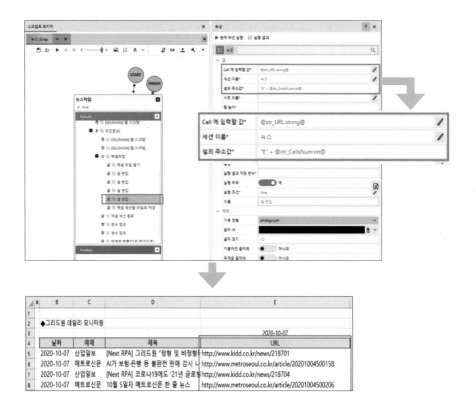

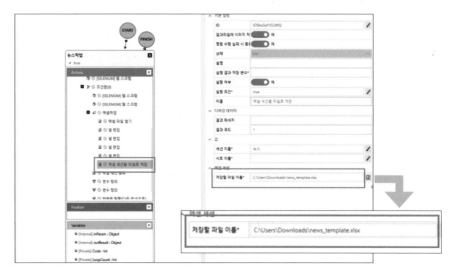

액션 기능 창에서 '엑셀 세션을 파일로 저장' 기능을 태스크에 적용하고, 속
성창에서 저장할 파일 이름과 경로를 지정한다.

엑셀 세션 종료 기능을 태스크에 추가한다.

실행 버튼을 클릭하고, 스크립트를 실행한다.

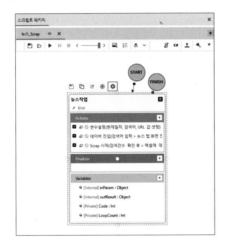

로봇이 동작을 완료하고, 기사 제목을 엑셀 제목에 정리한다.

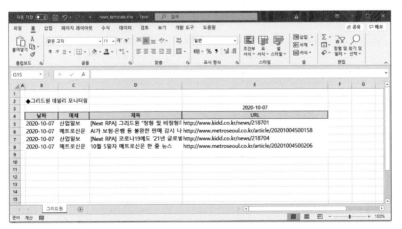

6.4 객체 유형 예: Kofax Kapow

객체 유형의 일례로 코팩스(Kofax)에서 제공하는 Kofax Kapow를 소개한다.

Kofax Kapow의 Design Studio도 독자의 개발 환경이다. 곳곳에서 로봇의 화상이 등장하므로 Robotic을 느끼게 해준다.

6.4.1 Kofax Kapow의 로봇 개발 순서

실제로 자주 있는 애플리케이션 A와 애플리케이션 B 사이의 처리를 정의하는 경우는 그림 6.35와 같이 Robot과 Type으로 연결한다.

Project 안에 Type이라 불리는 변수를 정의하고 이들 변수가 어떻게 흘러가는지 혹은 애플리케이션 간을 움직이는지를 Robot으로 정의해 간다. 데이터를 베이스로 해서 자동화 시나리오를 작성해 가는 것이 특징이다.

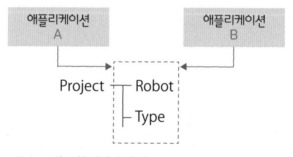

그림 6.35 Kofax Kapow의 로봇 개발 순서 예

6.4.2 Kofax Kapow로 작성하는 로봇 시나리오

엑셀의 워크시트에 신청자(Applicant) 리스트가 있다. 리스트에 게재되어 있는 신청자의 정보를 웹의 고객 관리 시스템(Customer Information)에 복사해서 기존 고객이 어떤지를 확인하는 상황의 한 장면이다.

신청자의 Name과 Phone(전화번호)을 고객 관리 시스템에 입력하면 기존 고객이라면 데이터가 표시되고 기존 고객이 아니면 데이터는 표시되지 않는 상황이다.

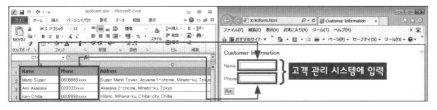

그림 6.36 고객 관리 시스템에 입력한다

주요 로봇화 처리는 다음과 같다.

- 엑셀의 워크시트에서 데이터를 읽어들인다
- 읽어들인 데이터를 웹 시스템에 복사한다
- 웹 시스템에서 'Run'을 클릭한다

Name과 Phone이 Customer Information에 있으면 고객 정보가 표시되지만 여기서는 'Run'의 클릭까지로 한다.

6.4.3 초기 화면, 신규 프로젝트 작성

그림 6.37은 신규 프로젝트를 작성하는 화면이다. 초기 화면에서는 왼쪽에 My Projects(①), Shared Projects(②), Databases(③)가 표시된다.

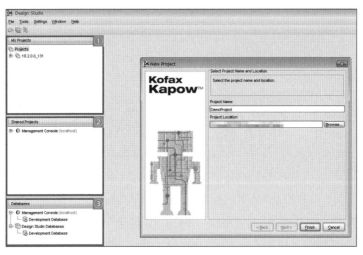

그림 6.37 신규 프로젝트 작성 화면

File-New-Project를 선택하면 Project의 이름과 저장 장소를 정의하는 화면이 표시되므로 Project Name(DemoProject)과 Project Location을 입력한다.

이어서 변수를 정의하는 Type, 로봇을 정의하는 Robot, 필요하다면 Database 등의 폴더를 작성한다.

이미 Projects 아래에 IP 어드레스처럼 보이는 수치를 나열한 폴더가 있다. 이 수치는 Kofax Kapow의 버전 레벨을 나타내고 관련 정보가 저장된다.

여기서는 Projects 아래에 Type과 Robot을 작성하며 이름은 다음과 같다.

- Project: DemoProject
- Robot: DemoRobot
- Type: Applicant

데이터 항목과 양 모두 적기 때문에 Database는 작성하지 않지만 많은 경우에는 Database를 작성한다.

처음에 Type을 작성한다.

RPA Type 작성

방금 전 작성한 'DemoProject'를 우클릭해서 'New'를 선택하면 'Robot' 과 'Type' 등이 표시된다(그림 6.38). 'Type'을 선택하고 'Applicant.type'이라는 이름을 붙인다.

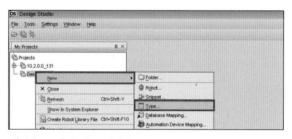

그림 6.38 'Robot'과 'Type' 등이 표시된다

이어서 Applicant를 구성하는 각 데이터를 정의한다. Name, Attribute Type 등을 정의하는데, 개발자는 각각의 Name을 입력할 뿐 속성은 선택식으로 진행한다(그림 6.39).

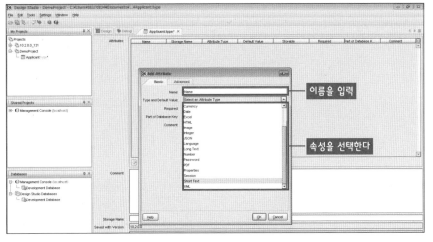

그림 6.39 Applicant를 구성하는 각 데이터를 정의한다

여기서는 엑셀의 워크시트 Applicant에 따라서 Name, Phone, Address를 정의한다. 입력 후는 그림 6.40과 같다.

그림 6.40 Name, Phone, Address를 정의한다

Robot 작성

여기부터는 Robot 작성이다.

DemoProject-New-Robot을 선택한다.

Type일 때와 마찬가지로 이름을 붙인다. 'DemoRobot.robot'으로 한다. 확장자가 robot으로 돼 있어 마치 로봇을 만들고 있는 느낌이다(그림 6.41).

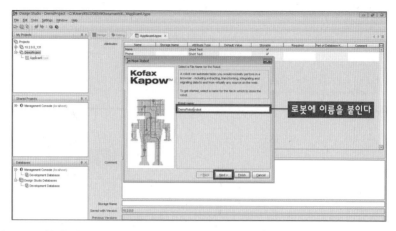

그림 6.41 로봇에 이름을 붙인다

'Next'를 클릭해서 Robot의 스타트가 되는 엑셀 파일의 저장 장소, Kofax 가 갖고 있는 '엔진', 실행 모드를 선택한다(그림 6.42).

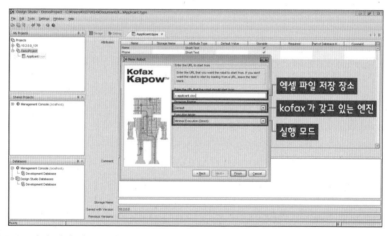

그림 6.42 파일 저장 장소 등을 정의한다

여기서는 모두 디폴트인 Default, Minimal Execution(Direct)을 선택한다. 그러면 다음 화면에서 자동으로 로봇의 최초 단계인 엑셀의 파일 로드를 나타내는 Load Page 액션 스텝이 작성된다(그림 6.43).

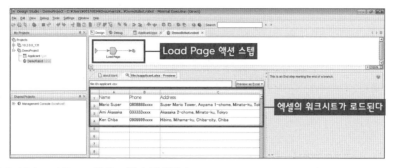

그림 6.43 Load Page 액션 스텝이 작성된다

Design 패널의 홈 베이스 모양이 Load Page를 나타내고 있다. 중앙단 아래에서는 엑셀의 워크시트가 로드되어 있는 것을 확인할 수 있다.

RPA 엑셀의 표시 작성

사람이 작업자인 경우 화면상에 엑셀 파일을 열어 작업을 진행하기 때문에 엑셀을 표시하는 액션 스텝을 추가한다.

스텝의 최후를 나타내는 오른쪽에 있는 ⊗ 표시 버튼을 우클릭해서 Insert Step Before를 선택하고 다시 Action Step을 선택한다. 그러면 빈 액션 스텝 (홈 베이스형 도형.Unnamed)이 작성된다(그림 6.44).

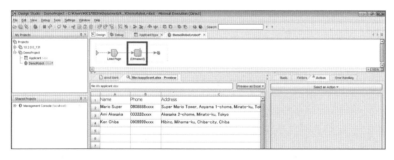

그림 6.44 엑셀을 표시하는 액션 스텝을 추가한다

오른쪽 중앙단의 Select an Action에서 Excel의 표시에 해당하는 View as Excel을 선택한다(그림 6.45). 두 번째의 액션 스텝으로 View as Excel이 작성됐다.

그림 6.45 View as Excel을 선택한다

6.4.4 변수 입력

이어서 변수를 입력한다. 화면의 오른쪽 아래를 보면 Variables 패널이 있고 공백이다. 그 왼쪽 아래의 '+' 표시를 클릭하면 Add Variable의 다이얼로그가 표시된다. 여기서 방금 전 정의한 Applicant를 선택한다(그림 6.46).

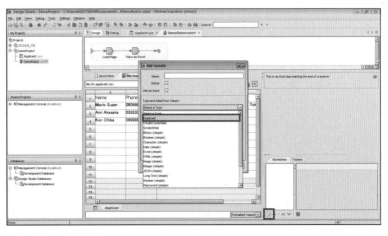

그림 6.46 변수를 입력한다

Variables 패널에 applicant가 등록됐다(그림 6.47).

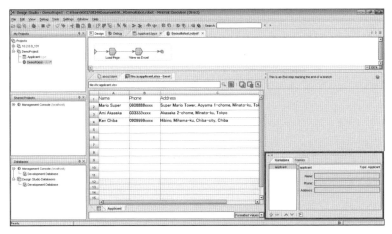

그림 6.47 Variables 패널에 applicant가 등록됐다

엑셀상의 Name 데이터를 Variables에 넣으려면 Applicant의 최초의 레코드 Name 데이터를 우클릭하고 Extract-Text-applicant Name을 선택한다(그림 6.48).

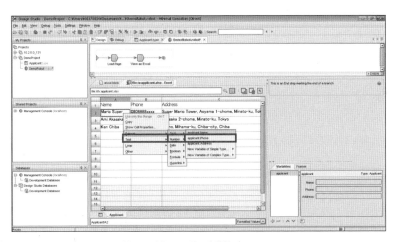

그림 6.48 Extract-Text-applicant Name을 선택한다

세 번째의 액션 스텝으로 Extract Name이 완성됐다(그림 6.49).

그림 6.49 Extract Name이 완성됐다

마찬가지 방법으로 Extract Phone을 작성한다(그림 6.50).

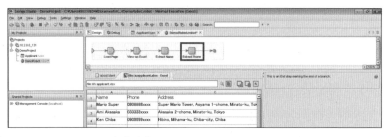

그림 6.50 Extract Phone이 생겼다

6.4.5 웹 시스템 로드

방금 전 엑셀을 표시하는 액션 스텝을 작성했는데 마찬가지 순서로 웹 애플리케이션을 로드한다.

빈 액션 스텝을 작성한 후 화면 오른쪽 중앙단의 Select an Actions에서 Load Page를 선택하고 URL과 파일 저장 장소를 설정한다(그림 6.51).

그림 6.51 URL과 파일 저장 장소를 설정한다

그러면 그림 6.52와 같이 Customer Information 페이지가 로드된 것을 확인할 수 있다.

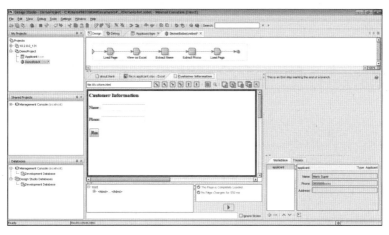

그림 6.52 Customer Information의 페이지가 로드됐다

ⓇⓅⒶ 변수를 웹 시스템에 입력

엑셀과 웹 애플리케이션의 액션 스텝이 작성됐기 때문에 이제 데이터를 입력한다. 엑셀의 가장 앞에 있는 레코드의 Name을 복사하려면 Customer Information의 Name 텍스트 박스에서 우클릭을 해서 Enter Text from Variable-applicant.Name을 선택한다(그림 6.53).

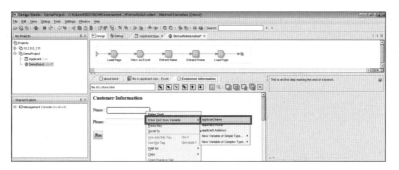

그림 6.53 Enter Text from Variable-applicant.Name을 선택한다

액션 스텝에 Enter Name이 작성된다(그림 6.54).

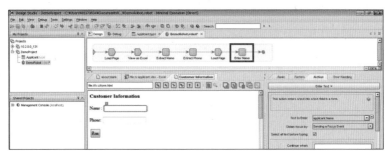

그림 6.54 액션 스텝에 Enter Name이 작성됐다

같은 순서로 Enter Phone도 작성한다. 엑셀의 데이터가 Variables를 통해 입력되어 있는 것을 확인할 수 있다(그림 6.55).

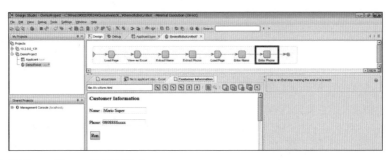

그림 6.55 Enter Phone을 작성한다

Run의 클릭

'Run'을 클릭하는 액션 스텝을 작성하면 계획했던 자동화는 완료한다. 버튼 상에서 우클릭해서 'Click'을 선택한다(그림 6.56).

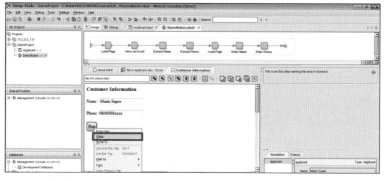

그림 6.56 'Run'을 클릭하는 액션 스텝을 작성한다

Rᴘᴀ Return Value의 추가

마지막으로 Return Value라는 액션 스텝을 넣어 완성한다(그림 6.57). 이것
은 Debug 모드에서 로봇을 실행하여 반환된 값을 표시하기 위해서다.

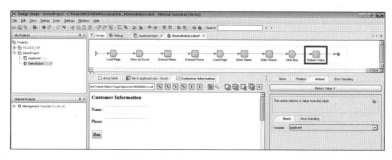

그림 6.57 Return Value를 클릭하는 액션 스텝을 작성한다

액션 스텝이 전부 9개가 됐지만 구현 시에는 Return Value는 커트한다. 사
람이 의식하는 주요 스텝은 본 건의 데모로 말하면 엑셀에서 웹으로의 카피
2개와 'Run'의 클릭 총 3개이다.

로봇에는 각 애플리케이션의 로드, 변수의 입력 등 자잘한 정의(지시)가 필
요한 것을 이해할 수 있을 것이다.

Kofax Kapow는 독자의 개발 환경이지만 익숙해지면 직접 입력하는 일은
적으므로 순조롭게 진행할 수 있다.

여기서는 특징을 살펴보기 위해 레코드의 1건째만 진행했지만 2건째, 3건
째로 같은 조작을 반복하는 거라면 Loop를 사용한다.

6.5 프로그래밍 유형 예:Pega

프로그래밍 유형의 일례로 페가시스템즈에서 제공하는 Pega Robotic Automation을 소개한다.

Pega는 Microsoft Visual Studio를 개발 플랫폼으로 이용하고 있다. Visual Studio에서의 프로그램 개발과 거의 마찬가지로 진행할 수 있기 때문에 프로그래밍 경험자라면 친숙하게 느껴질 것이다.

필자의 Pega에 대한 첫인상은 로봇 개발이라기보다 Visual Studio 프로그램과 같다는 것이었다. 프로그래밍 경험이 없는 사람이라면 Solution, Project, Event, Property, Method 등의 용어를 이해해야 하기 때문에 다소 어렵게 느껴질 수 있다.

6.5.1 Pega의 로봇 개발 순서

실제로 자주 있는 경우인 애플리케이션 A와 애플리케이션 B 간의 처리를 정의하는 절차는 그림 6.58과 같다.

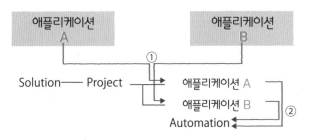

그림 6.58 Pega의 로봇 개발 절차 예

Solution 중에 ① 애플리케이션 A를 연결한 Project와 애플리케이션 B에 연결한 Project를 각각 작성하고 ② Automation에 각 Project에서 이벤트와 프로퍼티 등의 부품을 배치한다.

애플리케이션의 수만큼 Project를 작성하므로 일단 기억해 두면 순서는 쉽게 알 수 있다.

---

*페가시스템즈에서는 한국 사업을 전개하고 있지 않기 때문에 일본의 야마토운수 사례는 원서 그대로 사용했습니다.

6.5.2 Pega로 작성하는 로봇 시나리오

.NET에서 개발한 애플리케이션 'MyCRM'이 있다. 왼쪽 위에 고객 번호를 입력하면 왼쪽에 고객 정보가, 오른쪽에 직전의 구입 정보가 표시되는 애플리케이션이다(그림 6.59). 고객이 사무실이나 콜센터 등에 전화를 하면 배송 상황을 확인하고 대답하는 상황을 상정하고 있다.

그림 6.59 .NET에서 개발한 애플리케이션 'MyCRM'

오른쪽 위 텍스트 박스(Last Tracking#)에는 택배 송장 번호가 입력되어 있다. 로봇화하는 처리는 다음과 같다.

- .NET 애플리케이션으로 송장 번호를 복사한다
- 야마토운수의 웹사이트에 입력한다
- 웹사이트에서 '문의' 버튼을 클릭한다

.NET 애플리케이션의 텍스트 박스(Last Tracking#)에서 복사한 값을 붙인다(그림 6.60). 붙인 후 '문의한다'를 클릭한다.

그림 6.60 .NET 애플리케이션의 텍스트 박스에서 복사한 값을 붙인다

배달 상황이 표시되므로 전화를 받은 사람이 고객에게 배달 상황을 전달할 수 있다.

그림 6.61 배달 상황이 표시된다

🔳 초기 화면

그림 6.62가 Pega Robotic Automation의 초기 화면이다. 디폴트로는 상부에 툴 바(①), 중앙에 디자이너 윈도 에어리어(②)가 있다. 각종 도구창으로서 왼쪽에 Solution Explorer(③), 오른쪽 위에 Object Explorer(④), 아래에 Toolbox(⑤)가 놓여 있다.

도구창에는 Debugging windows와 Navigator 등도 있다.

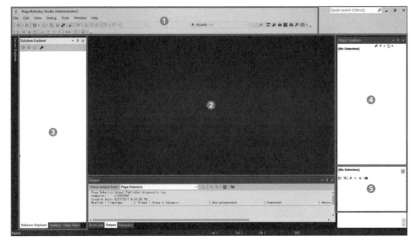

그림 6.62 Pega Robotic Automation의 초기 화면

6.5.3 Pega에서의 로봇 개발

그러면 드디어 로봇의 개발에 들어간다.

신규 프로젝트 작성

먼저 신규 프로젝트를 작성한다. File-New-Project를 선택하고 Project Name, Location, Solution Name을 입력한다(그림 6.63).

그림 6.63 Project Name, Location, Solution Name을 입력한다

Windows 애플리케이션 링크

Solution Explorer에 새로운 Project가 표시되면 Project-Add-New Windows Application을 선택하고 Project에 .NET의 애플리케이션을 연결한다(그림 6.64).

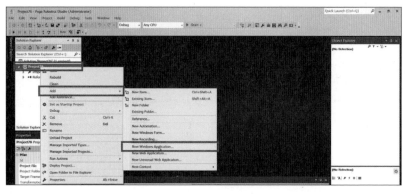

그림 6.64 Project에 .NET의 애플리케이션을 링크한다

여기부터는 .NET 애플리케이션을 Windows 애플리케이션이라고 부른다. 이어서 그림 6.65의 화면으로 바뀌므로 왼쪽 아래의 빨간색 사각에 있는 Path에 MyCRM의 실행 파일을 링크한다. 파일명은 MiniCRM이다.

그림 6.65 'MyCRM'의 실행 파일을 링크한다

다음으로 대상 애플리케이션을 로봇에서 해석하기 위해 Start Interrogation을 클릭해서 Interrogation Form을 연다. 왼쪽 위 모서리의 3중 동그라미 마크가 Interrogation Form이다(그림 6.66).

그림 6.66 Interrogation Form에 의한 해석

Interrogation Form은 Pega의 로봇 개발에서 중요한 역할을 한다.

Interrogation Form이 애플리케이션의 내부 구조와 DLL 간의 호출을 감시함으로써 애플리케이션의 구조를 로봇 측에서 알 수 있다.

드래그해서 Interrogation Form을 Last Tracking#의 텍스트 박스상에서 드롭하면 Object Explorer에 'MyCRM' 애플리케이션의 구조가 표시된다.

Last Tracking#은 txttxtLastTrackNum로서 Object Explorer MyCRM 구조의 최하층에 있다.

RPA 웹 애플리케이션 링크

다음으로 웹 애플리케이션용 Project를 작성해서 마찬가지 순서로 웹 애플리케이션의 해석과 링크한다(그림 6.67). .NET 애플리케이션일 때와 마찬가지로 Interrogation Form을 화물 문의 텍스트 박스와 문의 버튼에 드래그한다.

그림 6.67 웹 애플리케이션의 해석과 링크한다

Interrogation Form에서 텍스트 박스와 버튼을 입력하면 Object Explorer에는 html의 소스에 기초해서 Windows 애플리케이션일 때와 마찬가지로 구조가 표시된다.

RPA 자동화의 정의

해석한 2가지 애플리케이션의 부품을 자동화의 정의로 연결한다.

Solution Explorer 중에서 Add-New Automation에서 Automation을 작성한다(그림 6.68).

그림 6.68 Automation을 작성한다

그림 6.69와 같은 새로운 Automation 디자이너 윈도 화면이 표시된다. 여기에 해석한 부품을 넣는다. 우측의 Object Explorer 위에는 웹 애플리케이션의 구조가, 아래에는 Windows 애플리케이션의 구조가 표시되어 있다.

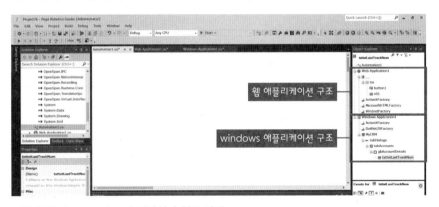

그림 6.69 Automation의 디자이너 윈도 화면

Last Tracking#의 값이 반영되면(변하면) 자동화가 가동하도록 한다.

오른쪽의 Object Explorer에서 txttxtLastTrackNum을 선택, TextChanged 이벤트를 선택하고 나서 드래그해서 디자이너 윈도에 가져간다(그림 6.70).

그림 6.70 해석한 부품을 넣는다

마찬가지 방법으로 Windows 애플리케이션의 텍스트 박스를 추가한다(그림 6.71).

또한 웹 애플리케이션의 텍스트 박스 복사와 마지막의 문의 버튼 클릭을 배치한다.

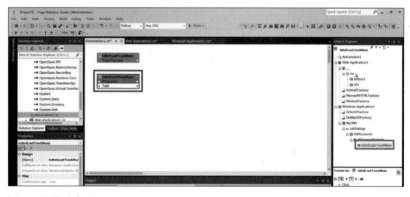

그림 6.71 부품의 추가

데이터 흐름은 파란색 화살표로 연결하고 처리 흐름은 노란색 화살표로 연결한다. 이렇게 해서 그림 6.72와 같이 로봇이 완성됐다.

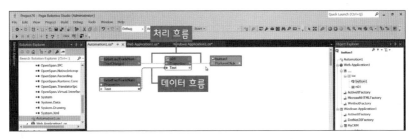

그림 6.72 로봇이 완성됐다

RPA 디버그 모드에서 확인

디버그 모드에서 안전을 위해 별도 송장 번호를 넣어 확인해본다. 배달 상황에서 '배달 완료'가 표시됐다(그림 6.73).

그림 6.73 디버그 모드에서 확인한다

Windows 애플리케이션에서의 대상 부품 해석, 웹 애플리케이션에서의 부품 해석, 자동화의 정의를 플로와 같은 형태로 배치해서 정의했다. 기본적으로는 드래그&드롭으로 진행할 수 있다.

6.6 설계 화면 예: Blue Prism

여기까지 로봇 개발의 예를 유형별로 살펴봤다. 본 항에서는 이어서 설계와 관련된 예를 소개한다. 제품에 따라서는 프로그램 설계와 프로그램 개발을 한번에 추진할 수 있다.

6.6.1 Blue Prism의 설계 사상

예를 들면 특정 기간 시스템과 업무 시스템에 로그인해서 정보를 등록하는 조작을 자동화한 후에 대상 시스템이 버전업 등의 이유로 사양이 변경되는 일도 있다. 이러한 메인티넌스 등도 고려해서 개별 시스템 단위로 객체를 작성하고 로그인과 등록 등의 액션을 정의하는 것을 권장한다.

로봇이 각 시스템에 액세스할 때는 대상 시스템 오브젝트를 호출해서 필요한 처리를 실행하기 때문에 해당 오브젝트를 수정하면 쉽게 메인티넌스가 가능하다는 개념이다.

6.6.2 설계 화면 예

그림 6.74는 Blue Prism 고유의 개발 환경인 Object Studio에서 Internet Explorer(IE)를 기동해서 표시된 페이지에 문자열을 입력해서 검색하는 조작

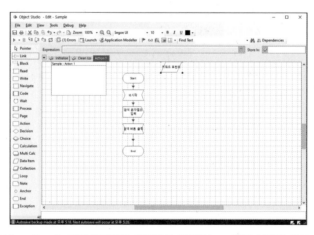

그림 6.74 Object Studio에서 문자열을 입력해서 검색하는 조작을 설계한 화면

을 설계한 화면 예이다. IE 기동 후 검색 문자열을 입력하고 검색 버튼을 누르기까지 일련의 스테이지 조작 플로가 그려져 있다. 화면의 내용을 인쇄할 수도 있으므로 사양서로도 이용 가능하다.

그림 6.74의 화면에서는 로봇의 조작 플로를 설계하고 있는 것처럼 보이지만 실은 개발 화면이 표리일체이다.

6.6.3 더블 클릭이 설계와 개발을 연결한다

그림 6.75는 플로 중의 '검색 버튼 클릭'이라는 스테이지를 더블클릭했을 때 표시되는 속성 화면의 예이다.

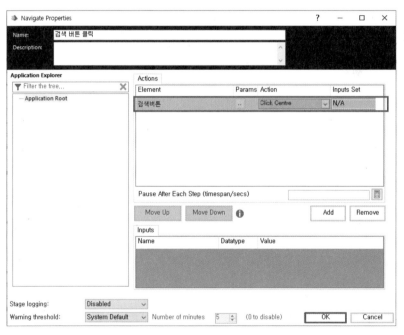

그림 6.75 '검색 버튼 클릭'을 더블클릭했을 때 표시되는 속성 화면

이 화면에서는 IE로 표시되어 있는 페이지의 검색 버튼을 클릭하는 것이 정의되어 있다. Action의 Element 필드에 '검색 버튼', Action의 필드에 'Click Centre'가 있다.

오른쪽 아래의 'OK'를 클릭하면 방금 전의 설계 화면으로 돌아간다.

설계 공정을 중요하게 여기는 사람에게는 이러한 유형의 제품이 적합할 수 있다.

6.7 로봇 파일의 설계

지금까지 살펴본 바와 같이 로봇의 개발은 제품에 따라서 개념과 순서가 다르다. 때문에 로봇의 프로그래밍 개발 전 단계에 해당하는 로봇의 프로그래밍 설계는 제품에 따라서 다르다고 할 수 있다.

6.7.1 공정에서의 위치

워터폴의 공정에서 개발·제조를 더욱 자잘한 공정으로 나누어 프로그램 설계, 프로그램 개발, 프로그램 단독 테스트로 설명되는 일이 있다.

그림 6.76 프로그래밍의 공정

업무 시스템 개발 전체에서 로봇 설계는 프로그램 설계에, 로봇 개발은 프로그램 개발에, 그리고 로봇 단독의 테스트는 프로그램 단독 테스트에 해당한다.

이번 장에서 살펴봤듯이 같은 단말기의 조작이라도 개발 절차와 개념은 RPA 제품에 따라서 다르다는 것을 이해했을 거라고 생각한다.

제품에 따라서 정의 방법이 다르기 때문에 로봇 파일의 설계는 기본적으로 제품에 의존한다. 예를 들면 마지막에 살펴본 프로그래밍 유형의 제품에서는 애플리케이션별로 프로젝트를 작성한다. 별도 제품이라면 적은 프로젝트에서 다수의 객체를 집어넣는 방법도 있다.

따라서 각각의 제품 특성을 활용한 형태로 설계를 추진하게 된다. 제품의 차이는 차치하고 프로그램 설계의 일반론을 말하자면 부품화와 클래스 구분 등의 개념도 중요하다.

부품화를 위한 힌트

프로그램 설계 시에 생산성의 향상과 정합성의 관점에서 클래스 구분과 부품화를 고려해서 추진하는 것이 권장되고 있다.

RPA 부품화를 위한 힌트

클래스 구분을 생각할 때 온라인 쇼핑을 참고로 살펴본다(그림 6.77).

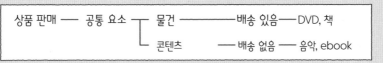

그림 6.77 온라인 쇼핑 예

공통 요소는 수량, 가격, 세금 등이다.

이후의 포인트는 물건과 콘텐츠로 생각하느냐 물리적인 배송의 유무로 생각하느냐이다. 콘텐츠에는 백야드의 시스템에 저작권 관리 등이 있다. 물건과는 관리가 다르기 때문에 배송의 유무보다 물건과 콘텐츠를 상위에 자리매김하는 것이 적절하다.

RPA RPA의 예로 생각한다

온라인 쇼핑과 마찬가지 사고로 RPA가 활용되는 시스템을 대상으로 한 조작에서 비교적 많은 것을 예로 들어 생각해 보자(그림 6.78).

```
조작 ── 화면 있음 ── 화면을 연다          OpenForm
                ── 화면을 닫는다        CloseForm
                ── 데이터 입력          InputData
                ── 데이터 복사          CopyData
                ── 데이터 체크          CheckData
                ── 버튼 클릭            ClickButton
    ── 없음     ── 데이터 복사          CopyData
                ── 데이터 체크          CheckData
```

그림 6.78 RPA에서 클래스 구분과 부품화를 생각한 예

똑같은 조작을 반복하는 빈도가 잦아 부품화가 효율적일 것 같다.

6

사용자에 한층 더 가까운 RPA

RPA 시스템을 개발할 때 외부 벤더의 입장에서 유의해야 할 사항을 알아본다.

RPA 기업에 상주

시스템 개발은 규모가 커지면 사용자 기업의 정보 시스템 부문에 상주하는 형태가 많아진다. SI 계약을 맺은 벤더의 스태프가 큰방이라고 불리는 플로어 전체에 집결하거나 더욱 대규모가 되면 빌딩동을 점령하는 일도 있다. 고객 기업이나 단체가 발행하는 ID 카드를 휴대하고 매일 자사가 아닌 고객처에 드나든다.

이들은 새로이 대규모 시스템을 도입하는 경우와 대규모 시스템을 갱신하는 프로젝트 등이라면 익숙한 광경이다.

RPA RPA의 경우

RPA의 경우도 비슷하다. 굳이 차이를 들자면 한층 더 사용자에 가깝다는 점일 것이다. 정보 시스템 부문뿐 아니라 엔드유저처에 상주하는 경우도 있다. 그 이유는 사용자가 이용하고 있는 시스템 및 애플리케이션을 전제로 해서 RPA가 도입되기 때문이다.

많은 경우 RPA는 기존의 애플리케이션에 대한 조작으로서 활용되지만 기존의 환경이 사용자 부문에 따라서 다르므로 사용자에게 맞추는 것이 가장 효율적이기 때문이다.

물론 사용자 부문의 환경을 정보 시스템 부문에서 재현할 수 있으면 기존의 큰방에서도 가능하다. 그러나 EUC로 완성된 산물과 사용자가 평소 사용하고 있는 기간 시스템과 업무 시스템과는 별도로 존재하는 다양한 애플리케이션 및 그들의 이용 방법을 별도 장소에서 재현하는 것은 쉽지 않다.

개발뿐 아니라 요건 정의 공정과 그 전의 업무·조작 가시화 공정에서도 사용자 부문에 깊숙이 들어간다.

제 7 장

업무와 조작의 가시화

7.1 로봇 개발 전에

로봇 파일의 개발은 개발해야 할 유저의 구체적인 조작과 처리를 명확히 알고 있어야 추진할 수 있어야 한다. 그렇지 않으면 어렵사리 익힌 스킬을 활용하는 것은 불가능하다.

로봇을 작성하기 위해서는 유저가 어떠한 조작을 하고 있는지 등 그 조작 업무에서의 자리매김과 업무 자체를 모르면 유저가 이용할 가치가 있는 로봇을 완성하지 못할 것이다. 사용할 수 있어야 비로소 로봇이다.

본 항에서는 로봇 개발 이전 단계의 추진 방법을 정리한다.

7.1.1 로봇 개발까지의 여정

지금까지 RPA의 기본, 동향, 제품의 학습, 유사한 기술, 소프트웨어로서의 RPA, 로봇 개발의 순서로 설명했다. 그러나 로봇 개발에 직접 관련된 공정으로는 업무와 조작의 가시화, 유저 요구의 정리, 로봇 개발의 순으로 진행할 필요가 있다.

업무 및 조작과 유저의 요구 정리, 로봇 개발의 관계는 업무>조작>유저의 요구 정리≒로봇 개발이 된다.

업무 중에는 컴퓨터 조작 이외의 업무도 있다. 또한 모든 업무가 RPA로 대체되는 것도 아니다. RPA가 담당하는 것은 컴퓨터와 서버 조작의 일부이므로 전체 조작 범위보다 좁다.

업무 시스템과 OCR을 사용하는 상황, AI를 사용하는 상황 등도 있으며 신기술로 대체하는 것이 곤란한 조작도 있다.

7.1.2 가시화에서 개발까지의 3단계

업무와 조작 그리고 로봇의 관계를 이해했으면 공정을 기준으로 좌우로 전개하는 그림으로 변경해본다. 이 책의 구성도 다시 한 번 이해하게끔 각 장의 번호도 표기했다(그림 7.1).

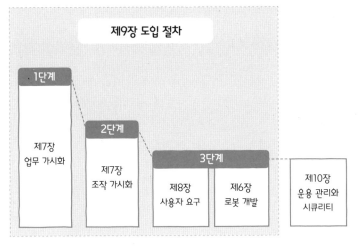

그림 7.1 이 책 후반의 구성과 3단계

    필자는 업무 가시화, 조작 가시화, 사용자 요구에서 로봇 개발까지를, 범위의 대소 차이가 계단의 높낮이 차이와 같은 관계로도 나타낼 수 있기 때문에 3개의 계단이라고 부른다.

    업무 가시화 후에 그 일부를 구성하는 조작의 가시화가 가능해 사용자 요구의 정리에서 시작해 개발로 향한다. 이 순서대로 내용을 보다 구체화한다.

7.2 업무 가시화의 필요성

 사람이 하는 조작을 로봇으로 대체하는 경우에는 현행 업무와 이를 위한 데스크톱의 조작이 어떻게 이루어지는지를 가시화할 필요가 있다.
 사람의 컴퓨터 조작이 RPA로 대체되므로 최종적으로는 조작 단위의 가시화가 필수이다.

7.2.1 자료가 존재하는 경우

 어느 업무에서 RPA의 도입을 추진할 때는 최초에 대상이 되는 업무 매뉴얼, 업무 플로, 시스템 플로 등의 자료를 확인하는 것이 일반적이다.
 자료가 있으면 그림 7.2와 같이 프로세스와 프로세스의 명칭, 공수, 인풋과 아웃풋 등의 업무 개요를 어느 정도 파악할 수 있다. 파악했으면 다시 RPA의 적용 대상이 되는 프로세스에서 조작 플로를 확인한다.

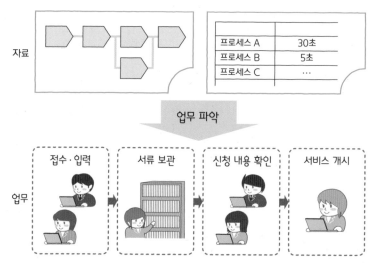

그림 7.2 자료가 존재하는 경우

7.2.2 자료가 존재하지 않는 경우

업무를 나타낸 자료가 존재하지 않으면 가시화에 필요한 자료를 새로 작성할 필요가 있다. 자료가 없는 상태에서 RPA의 적용 대상이 되는 조작의 확인으로 들어가버리면 전체 조작에서 어느 위치에 도입할지, 무엇을 위해 도입했는지를 나중에 알 수 없게 된다.

로봇 파일을 개발한 이유, 변경과 추가 기준, 최종적인 전개 기준 등을 정하지 않고 개발에 착수하는 것은 위험하다. '업무의 이 부분에 이러한 목적으로 RPA를 적용한다'라는 것을 명확히 정하고 진행하기 위해서는 베이스가 되는 업무 자료가 필요하다.

7.2.3 도입 전후의 비교를 위해

기본적으로 가시화가 되어 있지 않다면 가시화할 필요가 있지만 도입 전과 도입 후를 비교하기 위해서라도 도입 전의 현황 확인을 위해 가시화하는 의미가 있다. 특히 RPA를 부문 전체와 전사에 도입하는 거라면 투자 예산을 확보해야 한다. 효과를 얼마나 얻을 수 있는지를 수치로 나타내지 않으면 안 된다. 따라서 전체적인 업무를 파악했다고 해도 최신 상황을 확인하기 위해 가시화하는 일도 있다.

7.2.4 신구 업무의 호칭

현행 업무를 As-Is, 도입 후의 새로운 업무를 To-Be라고 부르기도 한다. 정리하면 표 7.1의 3가지로 구분한다.

표 7.1 신구 업무의 호칭

현행 업무	새로운 업무	업무가 새로이 갱신되는 점에 주목
As-Is	To-Be	To-Be에는 미래와 실현해야 할 모습 2가지 의미가 있다
도입 전	도입 후	신기술과 시스템 등의 도입을 강조

To-Be라는 단어를 실현해야 할 모습이라는 의미로 사용하는 일도 있으므로 As-Is의 분석이 반드시 필요하지 않다고 보는 개념도 있다.

확실히 인풋과 아웃풋을 전제로 해서 실현해야 할 업무 모습을 설계하면 실현 정도는 별도로 하더라도 대개는 현행과 다른 업무 프로세스가 된다.

조작은 업무보다 아래 계층에 자리한다. 업무 레벨로는 '접수 업무는 이렇게 하는 것이 이상적이고 올바르다', '접수 후에는 이렇게 처리하자'와 같은 식으로 디자인하는 것은 가능하다.

업무 레벨에서 To-Be를 상정했다고 해도 데스크톱의 상세 조작도 마찬가지로 가능한가 하면 상당히 세세하므로 곤란하다.

제6장에서 구체적으로 살펴본 바와 같이 상세한 조작 시나리오를 세우지 않으면 로봇 시나리오의 설계·개발은 불가능하다. 상상으로 설계하는 것도 불가능하지는 않지만 그 로봇을 사용할 수 있을지 어떨지는 알 수 없다.

그러한 의미도 있기 때문에 이 책에서는 지금까지 To-Be라는 단어를 이용하는 것은 피해왔다.

다음 항에서 업무와 조작의 가시화 수법에 대해 설명한다.

7.3 업무 가시화 수법

우선 업무의 가시화 수법부터 설명한다.

업무를 가시화하기 위해서는 몇 가지 수단이 있다. 가시화의 목표는 업무 플로와 조작 플로의 작성이다. 아래에 3가지 업무 가시화 수법을 소개한다.

7.3.1 3가지 업무 가시화 수법

업무 가시화와 관련된 자료를 작성하기 위해 주로 하는 활동으로 인터뷰, 업무 조사표 작성, 조사원에 의한 관찰 등이 있다.

RPA 인터뷰

조사원이 업무 담당자와 관계자를 상대로 인터뷰를 한다. 가장 기본적인 활동이다.

RPA 업무 조사표 작성

조사원이 업무 조사표를 작성·제공해서 담당자에게 업무 시간과 양 등을 기록하도록 한다. 조사표의 레이아웃과 기입 방법 등에는 신경을 쓴다.

RPA 조사원에 의한 관찰

조사원이 담당자의 뒤쪽에 서거나 옆에 앉아 업무 상황을 관찰하여 기록한다.

3가지 수법에 대해 자세하게 살펴본다.

7.4 인터뷰

인터뷰는 업무 가시화 수법의 기본이다. 보다 좋은 로봇을 설계하기 위해서는 사용자의 과제와 니즈를 파악하는 것도 중요하다. 유저와의 원활한 커뮤니케이션이라는 관점에서도 인터뷰는 중요하다.

7.4.1 인터뷰 진행 방법

조사원이 담당자를 인터뷰한다. 조사자는 담당자에게 인터뷰 목적과 작성하고자 하는 자료가 무엇인지를 명확하게 전달하고 인터뷰를 진행한다.

조사원이 해야 할 준비로는 사전에 질문 항목을 검토하고 표 7.2와 같은 인터뷰 시트를 작성해서 인터뷰에 임한다.

표 7.2 인터뷰 시트의 예

인터뷰 항목	인터뷰 결과
업무명	계약 지원
업무 개요	견적서, 주문서, 각종 계약서의 작성 및 보관
담당 업무	견적서·주문서의 작성
개시 시간	9:00
종료 시간	17:30
처리량	1일 약 20건
PC 조작	CRM, 재고 관리 시스템, 엑셀
조작 내용	입력(작성), 체크, 송신
·	
·	

필자가 과거 인터뷰를 할 때는 노트북 컴퓨터 화면의 인터뷰 시트를 보면서 질문을 했다. 상대방의 대답도 그 자리에서 입력했다.

노트북 컴퓨터가 필자와 인터뷰이 사이에서 칸막이 역할을 했고 입력을 위해 자연스레 화면을 수시로 봐야 하기 때문에 인터뷰이를 계속 바라보지 않아도 돼 서로 부담이 덜하다는 이점이 있다.

인터뷰에서는 이야기하기 편안한 분위기를 만드는 등의 배려도 중요하다.

상급자가 되면 인터뷰하면서 그 자리에서 업무 플로를 작성해서 확인하는 사람도 있다.

그 자리에서 플로를 작성해서 확인

인터뷰이

인터뷰어
(상급자)

그림 7.3 상급자의 기술

업무 프로세스와 각자의 역할 등을 가시화한다는 의미에서는 상급자처럼 하는 것이 가장 효율적이다. 업무 전체를 파악하고 있는 사람과 각 프로세스 담당자를 인터뷰해서 업무 플로의 작성이 가능하다.

업무 프로세스를 파악하기 위해서는 프로세스상 작업자의 교대와 공정의 변경도 아울러 확인할 필요가 있다.

로봇 파일을 설계하는 사람은 업무 담당자의 인터뷰도 원활하게 진행할 수 있도록 하자.

한편 인터뷰는 담당자의 주관에 좌우되는 부분도 있으므로 객관성을 높이기 위해 7.5에서 해설하는 업무 조사표 등의 별도 수단과 병행해서 추진하는 것이 효과적이다.

업무와 조작의 가시화

7.5 업무 조사표

7.5.1 업무 조사표란

사전에 담당자에게 업무 조사표를 배포해서 일정 기간 단위로 업무 상황을 기입하도록 한다.

조사표는 담당자별 업무 순서, 소요 시간, 처리량, 공수 등을 조사하는 데 적합하다.

조사표에서는 세로축에 시간을, 가로축에 업무를 나열하는 형식을 주로 이용한다(표 7.3).

표 7.3 업무 조사표 예시

시	견적서 작성		첨부 자료 작성		메일	
9	1	성안당용	1	성안당용		
	1		1			
	1	↓	1	↓		
					1	성안당용
					1	사내 관계자
10						

표 7.3의 예에서는 10분 단위로 무엇을 했는지 입력하도록 돼 있지만 예에서는 9시부터 9시 30분에 견적서를 작성했기 때문에 견적서 작성란에서 1을 3가지로 수신처를 입력하고 있다.

7.5.2 조사표 작성 시의 유의사항

조사표는 사용자가 직접 기입하도록 한다. 그러려면 기입하기 쉽도록 레이아웃을 구성하는 것이 중요하다.

가령 세로를 시간, 가로를 업무로 한 경우로 생각해본다. 이 경우 시간 단위가 너무 자잘하면 기입이 불가능하다. 업무도 너무 많으면 기입할 수 없으므로 용지와 화면 크기에 맞춰 통합, 정리하는 것도 필요하다.

또한 조사 후에 조사원이 집계해야 하는데, 종이에 기입하면 데이터에 반영 되기까지 상당히 번거롭다. 따라서 후처리를 고려해서 엑셀 파일이나 간단한 웹 시스템에 입력하도록 하는 등 기입 형태에 관해서도 고려할 필요가 있다.

종이의 경우 기입하는 사용자의 부하가 적고 레이아웃의 자유도도 높다. 한 편 웹의 경우는 레이아웃의 자유도는 낮지만 조사원의 부하는 줄어든다. 엑 셀은 중간 정도에 해당한다.

어느 형태로 제공하든 가능한 한 사용자의 업무에 지장을 초래하지 않도 록 주의해야 한다(그림 7.4).

한편 업무 조사표를 사용한 조사는 인터뷰로 알아내는 것보다 수치의 정 확도는 높지만 사람이 기입 또는 입력하므로 약간의 오차는 있을 수 있다.

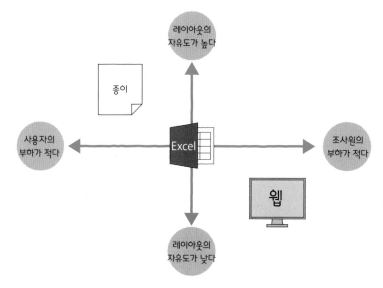

그림 7.4 종이냐 엑셀이냐 웹이냐

7.6 조사원에 의한 관찰

7.6.1 조사원에 의한 관찰 방법

조사원에 의한 관찰은 인터뷰나 조사표와 비교하면 사용자의 부하가 거의 없고 조사하는 사람이 품을 팔아야 하는 조사이다.

조사원이 업무 담당자의 뒤쪽에 서거나 옆에 앉아 업무가 어떻게 추진되고 있는지를 관찰한다.

조사 시에는 '조사원'임을 알 수 있는 표식을 할 것을 권장한다.

7.6.2 관찰 시의 유의사항

관찰 시에 무엇을 중점으로 관찰할지를 사전에 정해둔다. 전문 조사원이 아닌 경우는 약간의 연습과 리허설을 한 후에 정식 관찰에 임한다.

담당자가 무엇을 하고 있는지 단지 관찰만 하거나 업무의 흐름과 인풋·아웃풋을 보거나 예외 처리의 빈도와 추진 방법을 보는 등 사전에 주력해야 할 항목을 확인해두는 편이 좋다.

또한 조사표와 공통되는 점인데 반나절, 하루, 며칠 등 어느 정도의 기간에 실시할지 또한 시기를 언제로 할지도 중요하다. 어렵게 인력을 투입해서 조사하는 만큼 필요한 업무 상황을 파악하기 어려운 시기 등은 피해야 한다. 예를 들면 일상적인 업무의 흐름을 확인할 거라면 월말 등은 제외하는 게 좋을 것이다.

한편 조사원에 의한 관찰의 경우는 업무 프로세스뿐 아니라 컴퓨터 조작 화면을 추가할 수도 있다.

인터뷰나 조사표 방식에서는 업무 플로와 공수를 집계하는 것이 보통이지만 조사원에 의한 관찰에서는 조작 플로의 작성도 가능하다.

업무 플로, 조작 플로 예

가시화에 이어서 업무 플로와 조작 플로 예를 소개한다.

🆁🅿🅰 업무 플로 개요판 예

우선은 업무 개요를 표현하는 예를 설명한다. 업무 모델링 표기 기법인 BPMN(Business Process Model and Notation)에 준거해서 작성한 문서 관리 업무의 예이다. 공공 기관에 제출한 문서를 스캐너로 읽어들여 시스템에 등록한 후에 각종 정보를 추가 입력해서 일원 관리하는 업무이다(그림 7.5).

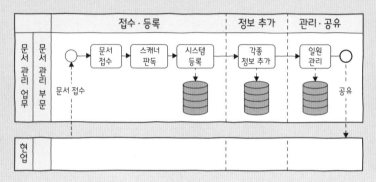

그림 7.5 문서 관리 업무의 BPMN 예

문서를 관리하는 부문이 현업 부문으로부터 문서를 접수하는 부분이 시작점으로 그려져 있다.

최초의 접수·등록 프로세스는 문서 접수, 스캐너 판독, 시스템 등록의 3가지 업무로 구성되며 그 후에 정보 추가, 관리·공유 프로세스로 전개된다.

그림 7.5에서 사용되고 있는 시작 지점과 끝나는 지점은 굵기가 다른 ◯ 표시로 그려져 있는 점, 각 활동은 둥근 모서리 사각형으로 표현하는 등 BPMN에 표기법이 정해져 있다.

🆁🅿🅰 업무 플로 상세판 예

그림 7.6은 어느 기업의 업무 플로 예로 실물은 A3 사이즈이다. 이 예에서는 20가지가 넘는 업무(둥근 모서리 사각형)로 구성되어 있다.

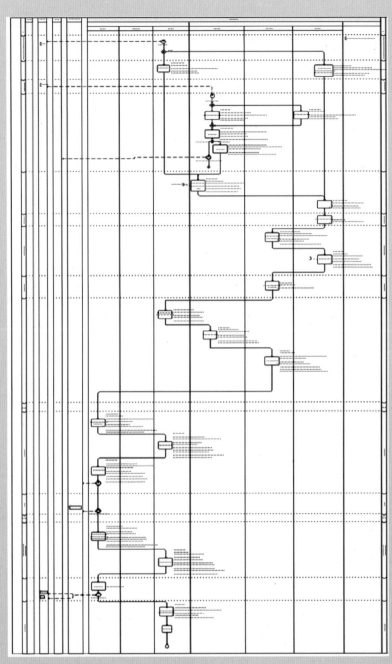

그림 7.6 업무 플로 상세판 예

앞에서 소개한 2가지 업무 플로 예는 BPMN에 준거한 iGrafx(아이그래픽스)라는 업무 플로를 묘화하는 소프트웨어로 작성했지만 실제로는 엑셀과 비지오(Visio) 등을 사용하는 사람이 많을 것이다.

RPA 조작 플로 예
화면 변경과 조작을 통합한 예이다(표 7.4).

표 7.4 조작 플로 예

카테고리	프로세스	시스템	화면	필드	액션	데스크톱	현행	도입 후
접수	신청서 수령	—	—	—	—	—	180	180
	OCR 판독	—	—	—	—	—	60	60
	데이터 체크 1	론 α	PC000	데스크톱 아이콘	더블 클릭	LND0007, LND008, LND	10	3
			LS001	ID, PW	입력	LND0007, LND008, LND	30	
			LS005	메뉴, 신청서 호출	클릭	LND0007, LND008, LND	10	
			LS021	신청서 번호	입력	LND0007, LND008, LND	30	6
			LS022	상품 구분, 금액, 예정일	데이터 유무 체크	LND0007, LND008, LND	90	

엑셀로 작성한 조작 플로의 일부를 소개했다.
성과물의 이미지가 공유된 시점에 조작 가시화로 이행한다.

7

업무와 조작의 가시화

187

7.7 To-Be 디자인의 시작 : 로봇 마크

업무를 가시화하는 이유는 크게 2가지가 있다. 하나는 As-Is인 현행의 업무를 파악하는 것, 또 하나는 RPA 도입 후의 To-Be에 참고하기 위해서다. 본 항에서는 업무 레벨에서 RPA 도입 후의 모습을 표현하는 로봇 마크에 대해 설명한다.

7.7.1 로봇 마크란

로봇 마크란 로봇을 표현하는 스케치를 말한다. RPA의 도입에서는 현업 부문과 정보 시스템 부문, 때로는 그 외의 부문이 관계하는 일도 있다. 특히 전사에 도입하게 되면 관계하는 인원 규모가 상당해진다.

그래서 시스템을 잘 알지 못하는 사람도 알 수 있도록 '이 업무의 여기에 RPA를 사용한다'라고 그림으로 표현하면 관계자 사이에서 공유할 수 있다 (그림 7.7).

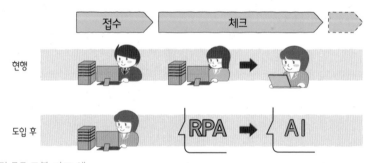

그림 7.7 로봇 마크 예

그림과 같이 사람, RPA, AI 등을 알기 쉽게 그림으로 나타낸다. 정해진 규칙은 없으므로 누군가 이해하기 쉽게 작성한 사람의 로봇 마크를 그 기업이나 단체에서 활용하는 일이 많다.

7.7.2 To-Be 디자인

업무의 가시화를 토대로 어디에 RPA를 활용할지를 로봇 마크로 나타냄으로써 RPA 도입 후의 모습을 그릴 수 있다. 어떤 업무를 하고 있는지를 모르면 도입 후의 모습을 그릴 수 없음을 이해했을 것이다.

7.8 조작 가시화 수법

7.8.1 업무 가시화와 조작 가시화의 관계

조작의 가시화는 업무의 가시화 아래의, 보다 상세한 조사로 자리매김된다. 업무 프로세스를 가시화한 후에 실제로 RPA를 적용하는 조작을 가시화한다. 물론 업무 프로세스가 이미 가시화돼 있으면 조작 가시화에만 초점을 둘 수 있다.

7.8.2 데스크톱의 조작 가시화

데스크톱상의 조작 가시화에는 크게 2가지 방법이 있다.
애플리케이션의 이용 상황에 대한 조사와 이용하는 화면에 대한 조사이다.

▣ 애플리케이션 이용 상황 조사

대상이 되는 데스크톱에 전용 소프트웨어를 설치하고 애플리케이션 이용 상황과 파일 이용 상황 등의 정보를 취득한다.

RPA화를 지향하는 처리는 조작 시간이 길고 또한 빈도가 잦은 조작이기도 하다. 전용 소프트웨어를 활용하면 초 단위로 정확하게 계측할 수 있다. 때문에 실제로 얼마큼 시간을 들여 얼마큼 작업했는지를 가시화한다.

▣ 이용 화면 조사

담당자의 조작 기록 등을 Windows의 기능 등에서 취득한다. 이것은 로봇 파일의 설계에 가장 가까운 조사이다.

구체적인 화면의 변경과 화면의 어디에 포커스가 놓여 있고 처리가 실행되고 있는지를 확실하게 짚어둘 필요가 있다.

다음 항부터 각각의 조사 예에 대해 설명한다.

7.9 애플리케이션 이용 상황 조사 예

본 항에서는 소프트웨어에 의한 단말기 조작의 이용 상황 조사 예를 소개한다. RPA화를 하고자 하는 조작은 기본적으로는 시간을 요하는 조작이다. 시간을 요하는 거라면 대상이 되는 애플리케이션을 이용하고 있는 시간이 1일, 반나절, 1시간 등의 기준 시간 중에서 그 나름의 비중이 있다. 이러한 조사는 상대가 소프트웨어이므로 소프트웨어로 조사하는 것이 좋다.

7.9.1 소프트웨어를 이용한 조사

애플리케이션의 실행 시간을 측정하는 가장 정확한 방법이다. 조작을 수행하는 단말기에 사전에 전용 소프트웨어를 설치해서 이용 시간을 측정한다.

테스트를 하지 않고 측정하면 정식 측정 시에 제대로 측정하지 못하거나 조작에 오류가 생기는 일도 있으므로 사전 테스트는 필수이다.

소프트웨어 조사의 이점으로는 초 단위로 정확한 이용 시간을 측정할 수 있는 점을 들 수 있다.

이용 상황을 조사하는 소프트웨어에는 여러 가지가 있으므로 실적을 중시해서 선정하고 외부 파트너에게 검증을 위탁하는 거라면 파트너의 작업과 연계해서 수행하는 점 등에 유의하기 바란다.

기업과 단체에서 각 데스크톱을 감시하고 있는 시큐리티 소프트웨어의 로그를 해석하면 전용 소프트웨어와 마찬가지의 정보를 얻을 수 있는 일도 있다. 자사에서 조사를 하는 경우에는 정보 시스템 부문 등에 사용 가능한지 확인하고 추진하기 바란다. 한편 조사 완료 후에는 제거하는 작업도 잊지 말도록 하자.

7.9.2 실제 조사 예

실제로 어떻게 애플리케이션의 이용 상황을 확인할 수 있는지 예를 나타낸다. 필자의 컴퓨터로 본서의 원고를 집필하고 있을 때 조사한 사례이다.

워드와 엑셀 등을 이용해서 집필을 했는데, 이때의 소프트웨어 이용 상황을 실제로 조사한 예이다.

조사에는 프리소프트웨어 ManicTime을 이용했다. 그림 7.8을 보기 바란다.

오른쪽에는 이용 개시 시간(측정 개시 시간)과 종료 시간이 있고 측정 시간은 오른쪽 위 모서리에 15분이라고 표시되어 있다.

그 시간 동안 컴퓨터를 쉼 없이 이용해서 복수의 애플리케이션을 사용하고 있는 것이다. 실제의 화면에는 애플리케이션 이용 상황이 색으로 구분되어 표시되어 있다.

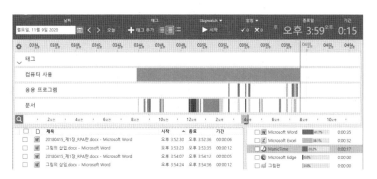

그림 7.8 애플리케이션 실행 시간

또 주목해야 할 것은 오른쪽 아래의 창인데, 여기서는 애플리케이션별 실행 시간을 확인할 수 있다. 덧붙이면 왼쪽 아래에서는 파일별 사용 시간을 확인할 수 있다.

오른쪽 아래 부분을 확대해서 살펴보자(그림 7.9). 엑셀이 몇 분 몇 초, 워드가 몇 분 몇 초 등과 같이 각각의 애플리케이션 이용 시간을 확인할 수 있다.

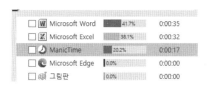

그림 7.9 애플리케이션별 실행 시간을 확인할 수 있다

공수를 요하는 조작에 RPA를 적용할 수 있다면 도입 효과는 높다. 실제로 얼마큼의 시간을 소비하고 있는지, 정말로 많은 시간을 사용하고 있는지를 숫자로 확인하는 것은 중요하다.

일례로 프리소프트웨어를 활용한 예를 소개했다.

한편 실제로 엔드유저의 컴퓨터에 설치해서 검증할 때 주의해야 할 포인트가 3가지 있다. 업무를 중단해야 해서 업무를 지속할 수 없는 상황만은 절대로 피해야 한다.

업무와 조작의 가시화

① 같은 사양·소프트웨어로 구성된 컴퓨터에서 정상으로 동작하는지 사전에 테스트를 할 것

특히 메모리를 점유하는 용량이 큰 소프트웨어나 업무 시스템이 있는지를 사전에 확인하기 바란다.

② 로그 등의 크기가 기간 중에 어느 정도인지 파악할 것

조작 로그를 취득해서 해석하는 소프트웨어의 경우에는 로그가 어느 폴더에 위치하는지를 확인해야 한다. 특정 폴더의 크기가 커질 가능성이 있으므로 사전에 상정해 둘 필요가 있다.

③ 조사 시기·기간과 데이터 입수 타이밍

업무의 가시화와 같은 내용인데, 대상이 되는 조작이 이루어지는 기간과 시기를 선정해야 한다.

위의 3가지 사항을 실제 측정에 들어가기 전에 해결하고 나서 진행하기 바란다.

7.10 이용 화면 조사 예

RPA화를 생각하는 경우에는 이용 상황과 시간의 필요성은 물론 이용하는 화면의 변경을 모르면 로봇 파일을 설계·개발하는 것은 불가능하다.

본 항에서는 작업자의 화면 조작을 기록해서 가시화해 주는 PSR 툴을 소개한다.

필자들이 고객 기업의 RPA 도입을 지원하는 과정에서 작업자의 조작을 가시화할 때에도 PSR을 이용하는 일이 있다. PSR은 Windows 7 이후라면 OS에 표준으로 탑재되어 있는 기능이므로 추가 비용도 들지 않는다. 기능 자체도 우수한 편리한 툴이다.

7.10.1 PSR이란

Windows에서는 '단계 레코더'라고도 불리지만 작업자의 화면 조작을 자동으로 기록하는 툴이다.

윈도 오브젝트에 대한 마우스 조작과 키보드 조작 화면을 캡처하는 형태로 기록한다. 화면 변경 기록과 함께 어떠한 조작이 있었는지도 확인할 수 있다.

7.10.2 PSR 기동 방법

Windows 키와 R 키를 누른다(그림 7.10). 파일명을 지정해서 '실행' 윈도가 표시되면 'psr'이라고 입력하고 '확인'을 클릭한다. 그러면 그림 7.11과 같은 '단계 레코더'라는 작은 창이 표시된다.

그림 7.10 파일명을 지정해서 실행

그림 7.11 단계 레코더 툴

'기록 개시'를 누르고 녹화하고자 하는 조작을 실행한다.

일련의 조작이 종료되면 '기록 정지'를 클릭한다.

마우스를 클릭하면 포인터가 이동하는데 포인터에 빨간 동그라미가 표시되는 지점에서 화면의 캡처가 실행된다. 예를 들면 엑셀의 워크시트 내에 있는 역명을 복사해서 노선 정보 사이트에 붙이기해서 경로와 시간 등을 확인하는 예이다. 그림 7.12와 같은 프리뷰 화면에서 어떤 조작을 했는지 결과가 표시된다.

그림 7.12 프리뷰 화면에 조작 내용이 표시된다

스텝 기록 툴에는 Review the recorded steps(기록한 스텝을 확인한다), Review the recorded steps as a slide show(기록한 스텝을 슬라이드 쇼로 확인한다), Review the additional details(기타 상세를 확인한다)의 3가지 모드가 제공되고 있다.

그 자리에서 확인하는 거라면 두 번째의 슬라이드 쇼 모드가 보기 쉽다. 저장을 클릭하면 저장할 수 있으며 윈도를 닫을 때 '아니오'를 선택하면 저장되지 않는다.

저장한 경우 파일은 ZIP 형식으로 보존되고 압축을 풀면 mht 파일이 나온다. 파일을 열면 Internet Explorer가 기동하고 방금 전의 프리뷰와 같은 화면에서 확인할 수 있다.

그림 7.13은 Step3의 화면 예를 나타낸 것인데 데이터가 입력되어 있는 셀을 복사하고자 한 것을 알 수 있다.

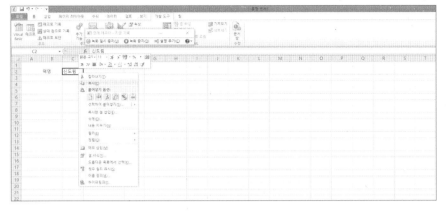

그림 7.13 프리뷰 화면 예

한편 단계 레코더의 타이틀 오른쪽 아래에 있는 ▼를 클릭해서 '설정'을 선택하면 저장하는 이미지의 매수 등 기타 설정이 가능하다(그림 7.14).

그림 7.14 단계 레코더 설정 화면

디폴트가 25장으로 되어 있으므로 그 이상의 매수가 필한 경우에는 매수를 변경한다.

영어 실력은 어느 정도 필요한가

제6장의 로봇 개발에서도 일부 살펴봐서 알겠지만 제품의 대다수는 화면이 영어로 표기되어 있다. 익숙해지게끔 굳이 그대로 각사의 영어 표현으로 설명했다.

각 제품의 화면 자체는 영어이지만 한국어판 매뉴얼을 제공하는 사례도 늘고 있다. 서서히 한국어 화면도 늘 것이다.

상황이 그렇다 보니 RPA를 학습하고 개발할 때 어느 정도의 영어 실력이 필요한지 궁금한 사람도 있을 것이다. 토익 점수를 기준으로 말하면 500점 정도가 아닐까.

이 실력이면 영어판 매뉴얼을 읽는 정도는 무난하다. 제6장에 게재한 실제 화면을 이해할 수 있다면 전혀 문제는 없다.

RPA 영어 실력 미니 테스트

미니 테스트에 도전해보자. 제품의 화면과 영어판 매뉴얼에 등장할 가능성이 있는 영단어이다.

영단어를 보고 한국어로 번역하기 바란다. 대충 의미가 전해지면 충분하다.

① object, property ② attribute ③ variables ④ extract ⑤ interrogate

오브젝트와 프로퍼티는 한국어로 읽으면 충분하다.

오브젝트는 번역하면 물체, 목적, 목적어 등이다. 오브젝트 지향의 프로그래밍에서는 부품의 집합체와 변수 등의 프로그래밍에 필요한 제 요소 등을 가리킨다.

프로퍼티는 재산 또는 소유물 등으로 번역되며 프로그래밍에서도 마찬가지로 개발 자산을 의미한다. 특성과 속성 등을 의미하기도 한다. 마찬가지 단어로는 속성을 의미하는 attribute도 들 수 있다.

제 8 장

사용자 요구와 시스템 개발

8.1 사용자 요구

8.1.1 사용자 요구 정리

사용자 요구 정리 공정에서는 조작의 가시화 결과로서 완성된 조작 플로에 기초해서 어떻게 로봇을 동작시킬지 사용자의 요구를 확인하면서 구체적으로 반영한다.

여기까지 업무의 가시화에서는 업무 플로, 조작의 가시화에서는 조작 플로를 작성해봤다. 마찬가지로 사용자 요구를 정리할 때는 로봇 플로(8.3에서 예시)를 작성한다.

8.1.2 로봇 플로

로봇을 어떻게 동작시킬지, 어떤 처리를 할지를 조작 플로를 토대로 작성한다.

제6장에서 여러 제품의 개발 순서 예를 설명했는데, 로봇 플로가 있으면 로봇의 작성은 원활하게 진행한다.

워크시트, 플로차트, 둘을 합한 하이브리드 타입이 있다.

8.2 기능 요건과 비기능 요건

8.2.1 로봇 개발에서의 기능 요건과 비기능 요건

기능 요건은 사람을 로봇으로 대체하는 것으로 말하면 어디를 어떻게 로봇화할 것인지 가장 본질적인 부분을 가리킨다. 사용자 요구에서 한발 나아가 요건 정의라는 단어로 말하면 로봇 개발에서도 기능 요건뿐 아니라 비기능 요건은 있다. 시스템의 이용자인 각 부문의 개별 사용자가 시스템 전체에 공통되는 시스템의 성능과 시큐리티, 운영, 로봇 파일의 변경과 추가 룰 등을 요구사항으로 정리하는 것은 어려운 일이다. 비기능 요건은 기업과 조직 전체에서 일정한 기준에 따라서 정리되어야 한다.

8.2.2 비기능 요건을 잊지 않는 방법

개발자 입장에서도 사용자의 요구와 개별 로봇의 설계·개발에 집중하다 보면 비기능 요건은 잊기 쉽다. 특히 전사의 시스템을 파악하고 있는 정보 시스템 부문이 관여하지 않고 유저 부문이 End User Computing(EUC.4.8 참조)으로 작성하고 있는 로봇 등은 더더욱 그렇다.

필자는 비기능 요건을 잊지 않도록 시스템과 애플리케이션의 성능을 항상 염두에 두고 있다. 이전에 무선 시스템에 전문적으로 종사했던 경험에서 애플리케이션으로 처리를 개시하고 무선기 등에서 응답이 돌아오기까지의 경과 시간을 생각하는 습관이 있다. RPA라면 처리를 개시해서 실행이 끝나기까지 걸리는 경과 시간인 셈이다.

개인의 경험에 따라 머리에 떠오르는 성능의 이미지는 다를지 모르지만 성능을 항상 생각하다 보면 '성능=비기능 요건'이라는 생각이 '타 비기능 요건은 확인했는가?'라고 비기능 요건 전체에 생각이 미쳐 까먹지 않는다.

8.2.3 비기능 요건의 정의 타이밍

조작 플로 작성 후에 업무 또는 기능 요건, 비기능 요건을 확정하는 것이 바람직하다. 다만 로봇의 비기능 요건은 최초의 로봇 작성에서 정의하는 것은 어렵기 때문에 복수의 로봇 작성에 착수할 즈음에 검토하자.

사용자 요구와 시스템 개발

8.3 워크시트의 활용

7.6의 칼럼에서 조작 플로의 예를 살펴봤다. 예로 든 조작 플로는 엑셀로 작성했지만 여기서는 워크시트의 형식으로 사용자 요구를 정리하는 방법을 소개한다.

8.3.1 조작 시트와 로봇화의 범위 차이

조작 시트는 조작을 가시화한 작성물이다. 현행 업무 프로세스 아래에 데스크톱의 조작이 있다.

여기서 중요한 것은 조작 시트에 기재되어 있는 내용이 모두 로봇화되는 것은 아니라는 점이다. 로봇화에 적합한 조작도 있는가 하면 사람이 하는 것이 좋은 조작도 있다. 아니면 RPA가 아닌 다른 기술을 적용하는 것이 좋은 조작도 있다.

개발자는 다음 3단계의 사고에 기초하여 재확인하기 바란다(그림 8.1).

- 로봇화가 가능한 조작은 무엇인가?
- 로봇화해서 효과가 있을까?
- 다른 기술을 적용할 수 있는 가능성은?

그림 8.1 로봇화를 검토할 때 고려해야 할 3단계 사고

RPA를 포함하는 신기술의 도입으로 효과를 올리려면 로봇 개발이나 RPA와 유사한 기술을 이해하는 것도 필요하다.

조작 시트를 활용해서 사용자 요구를 정리하는 방법을 소개한다. 7.1의 조작 플로에 다시 2가지 공정을 추가한다.

① 로봇화의 범위를 워크시트상에 플롯한다
표 7.4의 조작 플로라면 오른쪽 등에 전용 필드를 추가한다.

② 로봇의 실행 개시와 종료를 알 수 있도록 실행 타이밍 등의 정보를 기입한다
표 7.4에서 소개한 조작 플로를 활용한다. 워크시트상에서는 예를 추가하기도 한다.

표 8.1 워크시트 예

카테고리	프로세스	시스템	화면	필드	액션	테스크톱	현행	도입 후	(1) RPA	(2) 개시/종료
접수	신청서 수령	–	–	–	–	–	180	180		
	OCR 판독	–	–	–	–	–	60	60		
	데이터 체크 1	론 α	PC000	테스크톱 아이콘	더블클릭	LND007, LND008,LND	10	3	○	Scheduler
			LS001	ID, PW	입력	LND007, LND008,LND	30		○	
			LS005	메뉴, 신청서 호출	클릭	LND007, LND008,LND	10	6	○	Open LS005
			LS021	신청서 번호	입력	LND007, LND008,LND	30		○	
			LS022	상품 구분, 금액 예정일	데이터 유무 체크	LND007, LND008,LND	90		○	

표 8.1에서는 (1)의 RPA 필드에 RPA의 적용 유무가, (2)의 개시/종료 필드에는 RPA의 개시 및 종료 타이밍이 기재되어 있다. 예를 들면 표의 개시/종료의 'Scheduler'는 Scheduler에 의한 RPA의 시동이 표시되어 있다.

조작 플로만 보고서도 사용자 요구의 어느 것을 로봇화하면 좋은지 감이 오기도 하지만 표와 같이 RPA화를 구체적으로 나타내는 항목을 추가하면 로봇화의 범위를 명확하게 할 수 있다.

8.4 플로차트의 활용

8.4.1 플로차트를 이용한 조작

앞 항에서는 워크시트의 활용을 설명했다. 기업과 조직에 따라서는 워크시트보다 플로차트가 업무 프로세스를 표현하는 방법으로 사용하기 쉽다.

여기서는 플로차트에서 조작 플로를 표현하는 예를 소개한다.

앞에서 BPMN도 소개했지만 조작자의 키보드 입력, 데이터 체크와 같은 세세한 조작에는 정해진 표기법이 있는 것은 아니다.

따라서 데스크톱의 조작을 플로차트로 그대로 대체하는 것은 어려운 작업이지만 업무 플로 자체가 플로차트로 작성되는 일이 많으므로 플로차트로 조작을 표현하는 사람과 기업도 있다.

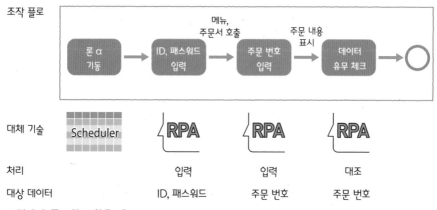

그림 8.2 플로차트 활용 예

그림 8.2에서는 RPA 마크만으로 표현되어 있지만 RPA에 의한 데이터 입력, 데이터 체크의 기호를 바꾸는 예도 있다.

용도에 따라서 마크를 구분해서 시각적으로 확인할 수 있다. 워크시트와 비교하면 그림을 사용해서 표현이 가능하므로 활용할 가치는 있다. 다만 작성에 이용하는 툴에 따라서 효율성이 달라진다.

워크시트 예에서는 오른쪽에 필드를 추가했지만 플로차트에서는 아래로 전개한다.

그림 8.2 아래쪽과 같이 로봇의 구체적인 처리와 대상 데이터 등을 추가하는 편이 알기 쉽다.

내용에 따라서는 다양한 그림을 구분해서 사용하므로 처음 몇 장을 작성하는 데 시간이 소요되지만 익숙해지면 원활하게 진행한다.

8.5 하이브리드 타입의 활용

로봇에 대한 사용자 요구의 정리 방법도 날로 발전하고 있다. 처음에 소개한 워크시트를 이용한 조작 플로가 기본적인 방법이라고 하면 엔드유저가 알기 쉽게 나타내는 플로차트 타입도 발전 과정에서 생겨난 방법이다.

여기서는 하이브리드 타입을 소개한다.

8.5.1 하이브리드 타입이란

작성 툴은 엑셀이지만 워크시트와 플로차트를 조합한 형태이다. 문자로 표현하는 내용과 그림으로 표현하는 내용을 조합하고 있다(그림 8.3).

시스템	론 α			
조작	론 α 기동	ID, 패스워드 입력	주문 번호 입력	데이터 유무 체크
필드	데스크톱 아이콘	ID, 패스워드	주문 번호	상품 구분, 금액, 예정일
사람/툴	Scheduler	⌁RPA	⌁RPA	⌁RPA
개시/종류		▶		■

그림 8.3 하이브리드 타입 예

세로였던 워크시트 타입을 가로로 변경해서 다시 마크를 추가한다고 생각하면 이해하기 쉽다.

워크시트와 같은 눈금이 있기 때문에 RPA의 개시를 간단하게 ▶ 마크로, 정지를 ■마크로 나타내는 것도 가능하다.

하이브리드의 이점은 기본적으로는 워크시트의 기능을 갖추고 있지만 추가해서 도형으로도 표기하기 때문에 레이아웃에 따라서는 한층 알기 쉽다는 점이다.

8.6 간단하지 않은 RPA 시스템 개발

8.6.1 RPA 시스템 개발이 간단하지 않은 이유

제6장에서 로봇 개발의 예를 살펴봤다. 학습과 실제로 개발을 하다 보면 익숙해져서 로봇 작성 자체는 원활하게 진행될 것이다.

예를 들면 '어느 사용자의 어느 조작을 로봇으로 대체한다'고 하자. 이 경우에는 RPA 소프트웨어 개발 환경이 있으면 대상이 되는 조작을 확인하면서 로봇 시나리오를 상정해서 설정과 개발을 추진함으로써 로봇 파일을 작성할 수 있다. 또한 작성한 로봇은 바로 사용할 수 있다.

개개의 로봇을 개발하고 작성하는 거라면 몰라도 복수의 로봇을 개발하는 것은 얘기가 다르다. 개개의 로봇 작성은 간단할지 모르지만 복수의 로봇을 포함한 RPA 시스템을 개발하는 것은 간단하지 않다.

실제로 기업과 단체에서 새로운 시스템을 도입하는 일은 자주 있다. 기간 시스템 등을 리뉴얼할 때는 대개는 규모가 큰 통합 시스템이다. 통합 시스템은 단일 시스템을 표현한 말이지만 사원 전원이 같은 시스템을 사용한다.

예를 들어 전사 차원의 CRM 시스템이라면 고객 번호의 입력 방법과 표시 등은 어느 사원이 조작해도 같다. 전사에서 사용하는 근태 관리 시스템으로 휴가 신청을 할 때도 전원이 같은 수순으로 신청하고 워크플로도 동일하다.

기업과 단체에서 이루어지는 시스템 개발과 운영이라고 하면 대부분이 One 시스템이다. 물론 CRM의 One, 근태 관리의 One으로 전사적으로는 여러 One 시스템의 집합체가 된다.

그런데 RPA의 경우에는 조작자와 사용자에 따라 사용하는 로봇 또는 대체되는 로봇은 다르다. 그런 시스템을 개발해서 운영한 경험은 있을까.

메일 소프트웨어와 스케줄러 등으로 사용자 자신이 사용하기 쉽도록 커스터마이즈하는 것은 있지만 그러한 애플리케이션과 시스템에서도 기본은 One 시스템이다. 그림 8.4를 보면 이 점을 이해할 수 있을 것이다.

사용자 요구와 시스템 개발

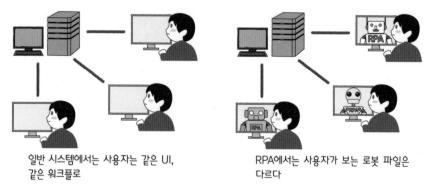

일반 시스템에서는 사용자는 같은 UI,
같은 워크플로

RPA에서는 사용자가 보는 로봇 파일은
다르다

그림 8.4 One 시스템은 아닌 RPA 시스템

  통상의 시스템이라면 유저는 같은 화면을 보고 같은 워크플로로 처리를 하지만 RPA에서는 사용자 개개인이 보는 로봇 파일은 다르다.

  로봇의 개발 자체는 결코 어렵지 않지만 시스템 전체로 보면 다양해서 간단하지 않다.

8.7 워터폴이냐 애자일이냐

시스템을 개발할 때 어떤 방법·공정으로 추진하느냐가 중요하다.

로봇을 포함한 시스템 개발에서도 워터폴과 애자일 개발 중 어느 쪽을 선택할지가 논의 대상이 된다.

8.7.1 워터폴 개발

업무 시스템 개발 현장에서는 워터폴이 주류이다. 요건 정의, 개요 설계, 상세 설계, 개발·제조, 결합 테스트, 시스템 테스트, 운영 테스트 등과 마찬가지로 정해진 공정으로 추진하고 있다.

8.7.2 애자일 개발

애자일 개발은 사용자와 연계한 팀을 짜고 단납기로 애플리케이션이나 프로그램 단위로 요구, 개발, 테스트, 출시를 진행한다(그림 8.5).

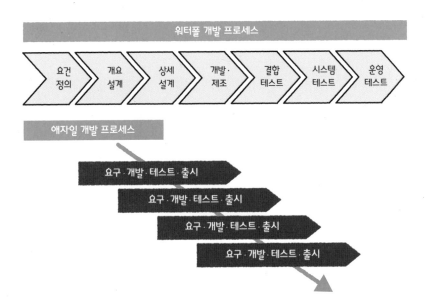

그림 8.5 워터폴 개발과 애자일 개발

워터폴의 경우에는 시스템 전체에서 각 단계가 완료하지 않으면 다음 단계로 넘어가지 않지만 애자일의 경우에는 개별 시스템과 애플리케이션 단위로 진행한다.

부문 전체나 전사에서 도입하는 등 일정 이상 규모로 로봇을 개발할 때 워터폴과 애자일 등의 개발 방법을 사전에 정해서 추진한다.

8.7.3 워터폴이냐 애자일이냐?

어디까지나 필자의 의견이지만 현 시점에서는 사용자 친화적이고 융통성 있는 애자일이 RPA에는 적합하다. 6.7의 칼럼에서도 소개한 바와 같이 사용자별로 애플리케이션이 다르다는 점이 가장 큰 이유이다.

향후의 다양한 장면에서 추진될 로봇 개발 경험을 바탕으로 RPA 전용 애자일 수법이 확립될 것이다.

8.8 RPA에서의 애자일 개발

8.8.1 현장 예

소규모 RPA 시스템 구축이나 EUC와 같이 사용자 주체로 로봇을 개발하는 경우에는 애자일 방식으로 추진하는 일이 많다. 전형적인 예로는 로봇 개발자 옆에 사용자를 앉히고 질문과 확인을 하면서 로봇 시나리오를 작성해서 설정(개발) 작업을 추진하고 디버그 기능으로 움직여서 확인하는 수법이다.

이때 요건 정의와 사양서 작성에는 RPA 소프트웨어로 인쇄할 수 있는 시나리오의 디자인 시트를 대신 사용한다.

그림 8.6은 일부 RPA 시스템 개발 현장에서 볼 수 있는 장면이다. 사용자 옆에 개발자를 앉히고 요구를 정리해서 그 자리에서 개발을 진행한다.

그림 8.6 애자일 개발 풍경

8.8.2 현장에서 애자일 개발 시 유의사항

위와 같은 방식으로 추진하면 신속한 개발이 가능하다.

그러나 애자일 개발에서 유의해야 할 사항도 있다. 로봇 파일 개발≒시스템 개발은 아니라는 점이다.

8.2에서 설명했지만 시스템 개발 전에 요건 정의가 있다. 위의 예에는 기능 요건은 포함되어 있지 않다. 가령 어느 작업자의 조작을 대체하는 로봇 파일 개발로 말하면 조작 자체를 RPA로 대체하는 것을 가리킨다.

자신의 업무를 RPA로 대체할 수 있다면 사용자 입장에서는 괜찮지만 조직과 많은 로봇 파일의 매니지먼트라는 관점에서는 비기능 요건이 중요하다. 아래에 다시 한 번 예시한다.

시큐리티: 로봇 파일과 시스템 전체
성능: 로봇 파일에 요구하는 성능
변경·추가: 로봇 파일의 변경과 추가
운영: 로봇 파일과 시스템 전체의 운영

애자일 개발에서 로봇을 작성해서 출시하고 활용하려다 보면 위에 든 사항을 간과하기 쉽다.

로봇별로 요구, 개발, 테스트, 출시의 순으로 진행하지만 어느 단계에서 어느 정도 공통화된 비기능 요건을 정의하는 것이 필요하다.

제 9 장

RPA 도입 절차

9.1 도입 절차에서 로봇 개발의 자리매김

9.1.1 RPA 도입 절차 5단계

RPA의 도입 절차는 전체 계획, 탁상 검사, PoC, 평가·수정, 도입·구축의 5가지 단계로 구성된다(그림 9.1).

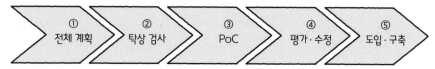

그림 9.1 RPA 도입 절차 5단계

🅡 전체 계획

RPA 도입 전략, 도입 범위와 대상 영역, 스케줄, 체제 등을 결정한다. 2.4.1에서 RPA의 도입 전략은 인적 자원 이동을 비롯해서 주로 4가지로 분류된다고 설명했다. 전사에서 도입하는 거라면 경영 간부와, 부문에서 도입하는 거라면 부문 책임자와 도입 전략을 공유하는 것부터 시작한다.

🅡 탁상 검사

원하는 도입 효과가 있을지 없을지를 사전에 검증한다.

전사에서 도입하는 거라면 탁상 검사를 토대로 투자 예산을 산정해서 확보한다. 부문 도입 시에 관계자가 업무 자체를 충분히 이해하지 못한 경우는 이 단계에서 업무 가시화를 수행한다.

🅡 PoC

PoC는 Proof of Concept의 약칭으로 개념 실증이라고 부른다.

RPA를 도입하는 업무에서 상정한 활용 방법이 실현 가능한지 여부를 검증하는 단계이다. 실증실험이라 불리기도 한다.

RPA 평가 · 수정

PoC 결과를 평가해서 도입 범위와 영역, 스케줄 등을 수정한다.

확실하게 효과를 올리기 위해 필요한 단계이다. 전체 계획을 수정해야 하는 경우도 있다.

RPA 도입 · 구축

상기의 4가지 절차에 기초해서 시스템을 구축하고 도입을 추진한다.

도입 · 구축 절차 개시 시점에서는 초기의 전체 계획을 탁상 검사와 PoC를 거쳐 평가 · 수정함으로써 계획의 정확도가 높다.

한편 선행 기업의 대응 상황을 보면 한정된 범위에서 PoC를 수행하고 다시 전체 계획 단계로 돌아가서 추진하는 일이 많다.

현 시점에서는 각 기업과 단체에서 다양한 추진 방법이 시도되고 있지만 RPA의 도입이 일반적이 되면 그림 9.1의 단계로 수렴된다.

9.1.2 도입 절차에서 로봇 개발의 자리매김

시스템 개발은 도입 활동 전체를 보면 마지막의 도입 · 구축에 자리매김된다. 아무래도 로봇 파일의 개발에 중점을 두게 되지만 도입 활동과 시스템 개발 전반도 중요하다.

다시 한 번 도입 절차, 시스템 개발 전체 공정에서 로봇 개발이 어떤 자리매김인지를 짚고 넘어간다(그림 9.2).

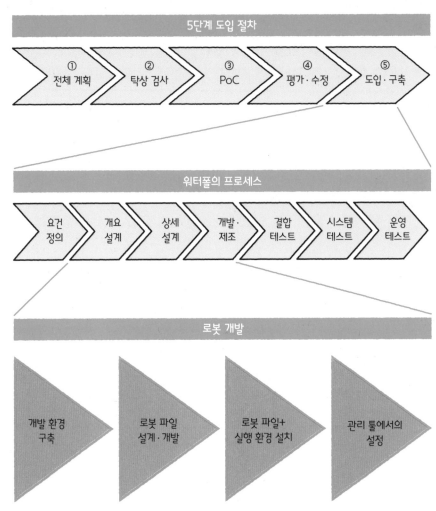

그림 9.2 로봇 개발의 자리매김

로봇 개발은 RPA 시스템의 근간이기도 하지만 도입 활동 전체에서 보면 일부 공정이다.

다음 항에서는 5가지 단계 각각에 관해 상세히 살펴본다.

전체 계획은 ICT 전략과 RPA 도입 전략 책정 후에 도입 범위 및 순서, 추진 체제, 스케줄 등을 입안한다. 대규모로 도입하는 경우에는 전체 계획 단계에서 투자 예산을 확보한다.

메인 스트림 업무의 일부로 PoC를 선행해서 실행하고 그 결과에 기초해서 필요한 금액을 산출한다(그림 9.3).

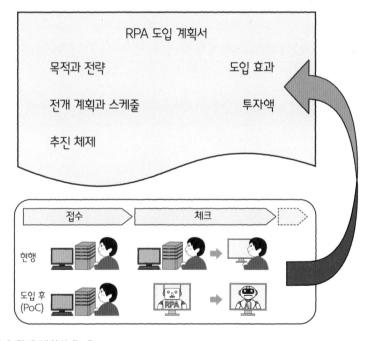

그림 9.3 전체 계획과 PoC

9.2.2 전사 도입

선행 기업은 이미 전사 도입을 추진하고 있다. 기업과 단체의 규모에 따라서도 다르지만 중장기의 스케줄이 된다. 2년에서 3년의 중기 또는 5년 전후의 장기가 될지는 기업의 규모, 사업의 수와 종류, 그리고 업무 수와 대상 영역에 따라 다르다.

9.2.3 전체 계획 예

그림 9.4는 어느 기업의 전체 계획 스케줄 예이다. RPA 도입 전략 책정, 계획 입안을 위한 검증, 계획 입안의 3가지로 구성되며 약 반년간에 걸쳐 이들을 실행하고 있다.

이후에 계속되는 탁상 검사 단계에서 각 사업 및 업무 가시화와 효과를 검증하고 있다.

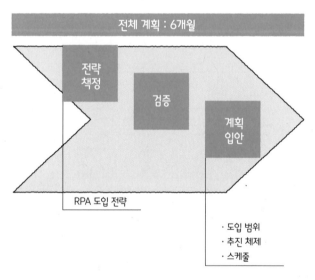

그림 9.4 전체 계획 예

계획 입안을 위한 검증에서는 경영진의 승인, 투자 예산 확보, 체제 검토 등을 위해 주요 사업의 일부 메인 스트림 업무를 선정해서 2개월에 걸쳐 효과를 검증했다. 계획 입안은 그 결과에 기초하고 있다.

대상 영역 결정 방법

실제로 로봇을 도입하는 업무와 영역 결정 방법인데 몇 가지 예가 있으므로 참고로 살펴보자(그림 9.5).

RPA 업무 클래스 구분

업무를 규모에 따라 대중소로, 부하에 따라 경중으로 구분하고 확실하게 도입이 가능한 소규모 또는 가벼운 업무를 우선 추진한다.

RPA 정형 업무 선별

데이터 입력과 확인 등의 RPA에 적합한 정형 업무와 사람의 판단과 물리적 동작을 수반하는 비정형 업무로 나누고 전자부터 추진한다.

RPA 예산·공수에 따른 제약

한정된 예산과 인원이라는 점을 전제로 해서 업무 클래스 구분과 정형 업무의 선별과 병행해서 검토한다.

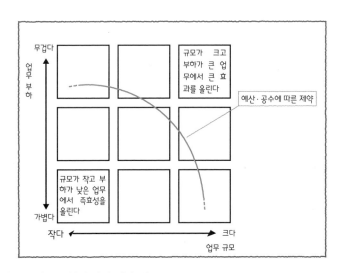

그림 9.5 업무 클래스 구분과 예산 제약 예

그림 9.5는 업무 클래스 구분과 예산 제약으로 결정되는 예인데, 소규모부터 중규모 업무를 대상 영역으로 한다.

KPI의 설정

업무의 대상 영역 결정에 관련해서 KPI(Key Performance Indicator : 핵심성과 지표)의 설정에 대해서도 언급한다.

계획을 입안하고 대상 영역에서 도입을 추진하게 되는데, 어디까지 무엇이 가능하면 되는지를 사전에 설정해 두는 편이 확실하다.

주요 KPI 예를 소개한다.

① 사람의 수 또는 작성하는 로봇의 수

사람에서 로봇으로의 대체는 공유하기 쉬운 수치의 하나이다. 가령 한 명의 작업자의 조작을 한 대의 로봇으로 대체하는 식이다.

② 업무 프로세스 수

업무 중에서 특정 공정과 절차를 로봇으로 대체하는 것이 가능하면 확실하게 효과가 올라간다. 대체되는 공정 수와 업무 수 등을 목표로 하는 개념이다.

③ 업무 시간

사람이 총 4시간 들여서 처리하는 업무를 로봇화해서 1시간으로 단축한 결과 3시간의 업무 시간을 절약할 수 있는 등 시간과 공수를 성과 목푯값으로 하는 개념이다.

④ 효과 수치

상기의 ②와 ③의 추진으로 효율화와 생산성 향상의 수치를 목표로 한다. 예를 들면 20%의 효율화를 지향하는 등이다.

①~④ 이외에도 '불가능했던 것이 가능했다'와 같은 식의 Yes/No의 목표도 있다. 전체 계획 책정 시점에서 세부적인 KPI를 설정하는 것은 어렵지만 반영하기를 권장하는 항목이다.

9.3 탁상 검사(desk check)

9.3.1 2단계인 경우도 있다

탁상 검사는 RPA 도입 절차에서 중요한 역할을 한다.

탁상 검사에 제7장에서 설명한 업무와 조작 가시화도 포함한다.

탁상 검사는 전체 계획 절차 다음에 진행하는 경우와 여러 차례로 나누어서 진행하는 경우가 있다. 특히 전사 도입의 경우는 투자비가 크기 때문에 경영진의 승인, 투자 예산 확보, 체제의 사전 검토 등을 위해 큰 틀에서 검증을 마치고 나서 각 사업부의 업무 단위로 탁상 검사를 추진하는 경우가 있다.

한편 부문 도입과 소규모 도입이라면 탁상 검사를 나눌 필요는 없다.

☞ 탁상 검사를 나누는 예

탁상 검사를 나눈 예를 소개한다(그림 9.6). 기획 입안을 위한 검증 ①을 전체 계획 범위 내에서 실행하고 이후는 사업별로 검증 ②를 수행하여 도입·구축을 추진하고 있다.

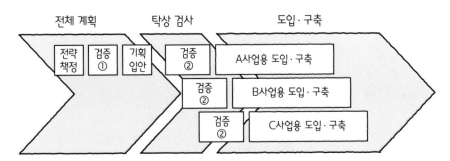

그림 9.6 탁상 검사를 나누는 예

탁상 검사에서 작성하는 도큐먼트 예를 소개한다(표 9.1).
업무 플로와 조작 플로에 대해서는 7.2를 참조하기 바란다.

표 9.1 탁상 검사에서 작성하는 도큐먼트 예

검증 ①

항목	개요
목적	가능·불가능 판단, 적용 업무 선정, 경영 회의용 기초 수치 취득, 각종 예산·투자 준비
검증 내용	업무 프로세스 레벨
준거 자료(예)	업무 플로, 업무 수순서, 매뉴얼류, 각종 실적 수치, 관계자 인터뷰
작성물(예)	현행 업무 플로, 현행 업무 부감표, 도입 후의 업무 플로, 도입 후의 업무 부감표

검증 ②

항목	개요
목적	구현 준비(PoC를 위한 준비)
검증 내용	조작 레벨
준거 자료(예)	조작 매뉴얼, 조작 플로, 시스템의 실적 수치, 관계자 인터뷰
작성물(예)	(현행 조작 플로), 도입 후의 조작 플로

RPA의 도입에 임해

기업이나 단체에서 도입하는 개념에 대해 소개한다.

기업이나 단체가 RPA를 도입할 때는 우선 기계적·정형적인 업무를 대체하거나 업무 절차 전체를 재검토하는 2가지 개념이 있었다(여기서는 전자를 대체파, 후자를 업무 개혁파라고 부르기로 한다).

최근의 도입 상황을 보면 RPA파라는 세력이 새로이 대두했다.

RPA 대체파

이전부터 존재하는 개념이다. 기계적·정형적 업무를 발굴·선정하고, 선정한 업무를 중심으로 대체하도록 RPA 도입을 추진한다.

업무 절차 자체에 변경은 없고 또한 적용하는 영역도 한정되어 있어서 비교적 원활하게 도입이 가능하고 단기간에 성과를 올릴 수 있다.

RPA 업무 개혁파

업무 개혁의 일환으로 RPA를 도입한다.

업무 개혁이 목표인 경우에는 현행 업무의 가시화를 실행한 후에 개선·개혁 후의 새로운 업무 플로를 설계한다.

새로운 업무의 일부에 RPA를 솔루션으로 도입한다. 업무 개혁이 목적이기 때문에 RPA에만 고집하지 않고 다른 기술의 도입도 검토한다. 물론 사람이 하는 업무도 개선 대상에 포함된다. 비교적 큰 성과를 올릴 수 있지만 가시화와 개혁 후의 모습을 그리는 시간과 수고가 필요하다.

RPA RPA파

원래는 대체파나 업무 개혁파로 시작했지만 PoC 등의 경험에서 RPA의 활용 상황에 맞추어 현행 업무를 나중에 변경하는 방법이다.

예를 들면 하루에 100건의 입력이 있다고 하고 RPA로 97건에서 98건이 완료되는, 즉 2~3건의 미입력 또는 오류가 있는 경우는 RPA의 입력이 완료된 후에 사람이 처리 결과와 로그를 확인해서 미입력분을 입력한다.

이러한 방법으로도 이전보다 짧은 기간에 미스가 적은 결과가 나오면 된다.

이런 식의 유연한 대응은 RPA를 도입하는 데 있어 중요하다.

필자는 원래 개혁파에 속했다. 그러나 RPA파의 존재를 알고 나서 그 개념이 매력적이라고 생각하게 됐다. 그 이유는 업무 자체를 RPA에 맞춰 유연하게 바꾸어가기 때문이다. 결과적으로 업무의 방식을 바꾼다는 것은 업무 개선·개혁을 달성하는 것이 아닐까 생각하게 됐다.

9.4 PoC(Proof of Concept)

9.4.1 PoC의 2가지 형태

PoC는 RPA 도입 시에 반드시 이루어지고 있다.

PoC에는 2가지 형태가 있다.

하나는 개인의 컴퓨터 조작에 대한 실증이다. 최소의 경우에는 한 사람 또는 한 대의 컴퓨터를 대상으로 한다.

또 하나의 형태는 개인의 업무를 타깃으로 하는 게 아니라 워크그룹이나 조직의 업무 프로세스를 대상으로 한다.

PoC를 실시할 때는 가능하면 후자의 형태인 업무 프로세스 전체에서 실증하는 게 바람직하지만 실제로는 우선 일부 프로세스에 압축하는 일이 많다.

9.4.2 PoC의 추진 방법

PoC 추진 절차는 큰 의미에서는 하나이지만 RPA의 대상이 되는 업무와 영역이 압축되어 있는지 아닌지에 따라 공정은 달라진다.

대상 영역이 정해져 있는 거라면 바로 PoC로 들어가지만 그렇지 않으면 대상 영역을 결정하는 작업부터 시작하지 않으면 안 된다. 'PoC를 하고 싶다'= '어느 업무의 어디에서 할 것인가'를 관계자 사이에서 공유하는 것이 중요하다(그림 9.7).

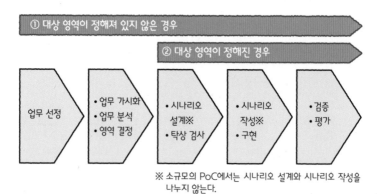

그림 9.7 PoC 추진 방법

대상 영역이 정해져 있지 않으면 그림 9.7의 ①과 같이 업무 선정, 가시화·분석·결정의 공정이 필요하다.

9.4.3 PoC의 목적 형태

PoC의 목적이라고 하면 RPA를 사용할 수 있는지의 여부를 결정하는 것이다. 그러나 그 외에도 유의해야 할 사항이 몇 개 있다(표 9.2).

표 9.2 PoC에서 유의해야 할 사항

카테고리	항목	개요
PoC에서 확인해야 할 사항	대체	가능·불가능, 대체 수단의 검토
	예상 효과	예상 효과의 높낮이
	제품 적성	업무에 제품이 적합한지
도입·구축 준비	업무 프로세스의 변경	유무
	유의사항	개별 업무 도입 패턴
		체제
		대상 영역
		예외 처리, 에러 대응, 실행 타이밍

RPA 예상 효과

대체와 사용할 수 있다는 결정을 했다고 해도 예상했던 효과를 얻을 수 있을지 여부를 확인한다. 가령 20%의 효율화를 실현할 수 있다고 사전에 예상했다면, 목표를 달성할 수 있을지를 확인한다.

RPA 제품 적성

적절하다고 생각되는 제품을 선정했다고 생각했는데 PoC를 수행하다 보면 맞지 않는 경우도 있다. 구체적으로는 조작이 어렵고 대상이 되는 소프트웨어와의 친화성이 낮거나 예상보다 개발이 어렵고 제품의 기능에 문제가 있는 등이다.

RPA 업무 프로세스 변경

업무 프로세스를 변경할 예정이 없었더라도 실증 결과에 따라 RPA의 실행 전에 준비 작업·확인 등의 후처리 추가 등이 필요한 경우도 있을 수 있다. 9.3의 칼럼과 같은 예도 있다.

개별 업무 도입 패턴은 그림 9.6에서도 살펴봤지만 각 업무 단위로 검증을 해서 도입·구축을 진행하는 등의 패턴을 확립하는 것이다.

기타 유의 항목으로는 체제 및 대상 영역이 있다. 대상 영역은 9.2.4에서 해설했다. 또한 예외 처리, 에러 대응, 실행 타이밍 등을 들 수 있다.

한편 PoC를 마친 후에는 본 도입을 추진하게 되는데 인재와 체제가 제대로 구축되어 있지 않으면 원만히 진행되지 않을 가능성이 있다. 여기에 대해서는 9.6에서 확인한다.

9.5 평가·수정

PoC로 검증을 하다 보면 전체 계획에 대해 수정해야 할 점이 보인다.

평가·수정은 계획대로 진행하지 않는 사항이 발견됐을 때 멈출 기회를 두기 위해 설정하고 있다.

9.5.1 전체 계획의 수정

PoC의 결과를 근거로 전체 계획을 구성하고 도입의 범위 및 순서, 추진 체제, 스케줄 등을 수정한다.

PoC의 시점인 효과 검증, 제품 적성, 계획과의 차이, 업무 프로세스의 변경 유무 확인, 도입에 따른 세부 유의사항 확인, 본 도입을 상정한 인재 및 체제 등을 평가한 후에 수행한다.

9.5.2 수정은 있다고 생각해야 한다

선행 기업의 사례를 보면 '반드시'라고 해도 좋을 정도로 재검토가 발생한다. 때문에 전체 계획의 일부 변경은 있을 수 있다고 생각하고 임하는 것이 현실적이다.

특히 표 9.2에서 든 유의해야 할 포인트 항목 등은 실제로 PoC를 해보지 않으면 판단하기 어려운 일이기도 하다.

9.6 RPA 엔지니어와 RPA 컨설턴트

RPA를 도입하는 것은 기업과 단체에게 새로운 대응이다.

여기서는 RPA 도입에 종사하는 인재에 대해 설명한다. 사내 직원이든 외부 파트너든 역할은 다르지 않다.

9.6.1 RPA 엔지니어

예를 들면 한 명의 작업자가 데스크톱으로 수행하는 조작의 일부를 RPA로 대체한다고 하자. 지금까지의 해설을 근거로 하면 다음과 같은 역할이 있다.

- 프로젝트 매니지먼트
- 조작 가시화
- 사용자 요구 정리
- 로봇 개발
- 로봇 관리

위의 역할을 담당할 사람을 RPA 엔지니어라고 부르기로 하자.

프로젝트 매니지먼트는 RPA에 국한되는 것은 아니지만 조작 가시화에서 관리까지는 지금까지 해설한 바와 같이 로봇 개발을 이해한 후에 대응할 필요가 있다.

한 명의 작업자가 수행하는 조작을 대체하는 거라면 한 명의 엔지니어가 모든 역할을 처리하는 것도 가능하다. 소규모 업무와 업무의 일부라면 한 명이 대응할 수도 있다.

9.6.2 RPA 컨설턴트

그러면 업무 전체 내지 업무가 복수 혹은 대량인 경우는 어떨까.

여러 개의 프로젝트가 다양한 공정에서 병행해서 진행되면 RPA 엔지니어 혼자서 대응하는 것은 어려워 전문성에 따라서 역할을 분담하게 된다. 특히 대규모 프로젝트는 RPA 엔지니어와는 별도 역할도 필요하다. 이 역할에 종사하는 사람을 RPA 컨설턴트라고 부르고 RPA 엔지니어와 명확히 구분한다.

구체적으로는 그림 9.8과 같은 역할로 나눈다.

대규모 프로젝트에서는 RPA 컨설턴트와 RPA 엔지니어가 역할 분담을 하는 동시에 연계해서 도입을 추진한다.

RPA 엔지니어
- 프로젝트 매니지먼트
- 조작 가시화
- 사용자 요구 정리
- 로봇 개발
- 로봇 관리

RPA 컨설턴트
- 전체 계획 책정
- 업무 가시화
- 탁상 검사
- 전체 도입 매니지먼트

그림 9.8 RPA 엔지니어와 RPA 컨설턴트의 역할 분담

9.6.3 원활한 업무 이관을 위해

RPA 도입 프로젝트에서 어느 시점에서 컨설턴트로부터 엔지니어에게 업무를 이관하느냐가 중요하다. 가령 업무 가시화까지가 컨설턴트이고 이후 업무부터 엔지니어로 전환되는 식이다.

공정상 그대로이지만 PoC에서의 시스템 개발까지는 컨설턴트가 담당하는 것이 좋은 경우도 있다. 여기까지 읽은 여러분은 이미 모범 해답을 눈치챘을 것이다. 즉 RPA 컨설턴트, RPA 엔지니어 모두가 본서의 내용을 이해하고 임기응변으로 대응하면 문제는 없다. 양자가 공통된 지식을 갖고 있고 상대의 역할도 이해한 후에 전문성을 발휘하면 원활하게 업무를 이관할 수 있다. 이것은 내제하는 경우든 외부 파트너를 활용하는 경우든 마찬가지이다.

9.6.4 인재의 부족

현실의 RPA 도입 상황에서는 어느 인재든 부족하다. 본서에서는 양자의 노하우를 해설했지만 RPA 컨설턴트, RPA 엔지니어 어느 쪽이 자신에게 맞는지, 다시 말하면 모든 면에 능한 만능선수를 지향할 것인지 또는 대규모 도입 프로젝트를 경영적인 수완으로 지원할 것인지 등 여러 가지 선택지가 있다.

도입 업무의 전개와 내제 가능한 범위

기업이나 단체에서 RPA를 도입하기 위해서는 어떤 종류의 법칙이 있다.

1.7.3에서 소개했지만 최초로 ① 사내의 정보 공유와 지원 업무 등의 가벼운 업무부터 시작하고, 이어서 ② 사내의 루틴 업무 ③ 고객용 비즈니스 프로세스로 전개한다.

RPA RPA의 전개와 내제화

여기서 내제화와의 관계를 생각해본다(그림 9.9). 세로축에 ①~③, 가로축에 유저 부문, 유저 부문+정보 시스템 부문, 유저 부문+정보 시스템 부문+외부 파트너를 두고 생각해본다.

가로축은 업무별로 나눈 ①~③을 소규모·중규모·대규모라고 이해해도 된다.

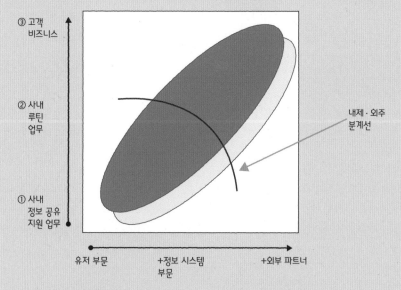

그림 9.9 RPA 전개와 내제화

유저 부문과 ①의 조합은 RPA에 대해 EUC로 대응하는 경우이다.

도입 단계에서 고객과의 비즈니스 프로세스에 전개할 때는 규모와 난이도를 감안해서 외부 파트너를 활용하는 경우가 많다.

제 10 장

운영 관리와 시큐리티

10.1 운영 관리 시스템

10.1.1 운영 관리 시스템과 RPA의 관계

일반적으로 기간 시스템과 각 업무 시스템의 운영 감시 및 관리에는 전용 시스템이 있다. 시스템의 운영 관리 관점에서 말하면 RPA는 운영 관리 시스템 아래에 자리매김된다.

한편 RPA 자체도 아래의 로봇 운영 관리를 하고 있다. 제4장에서 BPMS를 소개했지만 BPMS는 워크플로 아래에 있는 인간과 RPA 외의 운영을 관리할 수 있다.

운영 관리 시스템, RPA, 업무 시스템, BPMS의 관계를 살펴보자(그림 10.1).

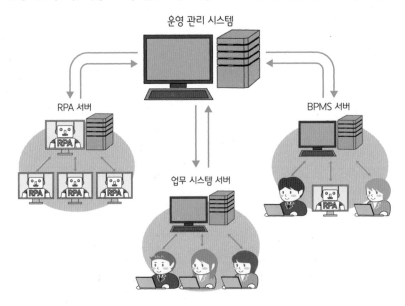

그림 10.1 운영 관리 시스템과 RPA, 업무 시스템, BPMS의 관계

운영 관리 시스템이 정점에 있고 RPA의 관리 툴이 있는 서버, 업무 시스템 서버, BPMS 서버 등을 감시한다.

RPA는 다수 존재하는 시스템 중 하나로 운영 관리 시스템 아래에 자리매김한다.

운영 관리라고 하면 운영 감시와 시스템을 안정 가동시키기 위한 관리와 복구 등을 의미하지만 여기서는 운영 감시에 중점을 두고 설명한다.

RPA의 운영 관리 이야기로 들어가기 전에 일반적인 운영 감시 시스템이 무엇을 하는지 살펴보자.

10.1.2 운영 감시 시스템

크게는 헬스 체크와 자원 감시 2가지 측면의 감시가 있다. 운영 감시 서버에서 헬스 체크와 자원 감시를 수행하지만 감시 대상은 서버와 네트워크 기기까지이다.

RPA 헬스 체크

서버와 네트워크가 동작하고 있는지 운영 감시 서버 등에서 확인한다.

대상 기기의 통신 포트에 운영 감시 서버 등에서 패킷을 송신해서 응답을 확인하는 네트워크 감시, 특정 파일을 움직이는지 멈추었는지를 확인하는 프로세스 감시 등이 있다.

RPA 자원 감시

대상 기기의 CPU, 메모리 등의 사용률을 감시한다.

감시 결과 사용률이 30%라는 것을 표시하고, 높은 경우에는 얼람 등을 표시한다.

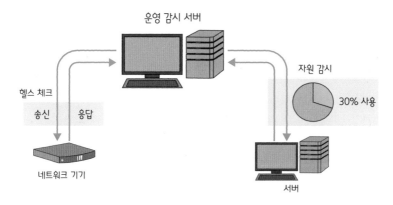

그림 10.2 헬스 체크와 리소스 감시

10

운영 관리와 시큐리티

10.2 RPA의 운영 관리

10.2.1 RPA의 헬스 체크와 자원 감시

운영 관리 시스템에서 헬스 체크, 자원 감시가 있다고 말했다.

RPA의 관리 툴에도 동일한 기능은 있다. 헬스 체크는 로봇이 움직이고 있는지 아닌지, 자원 감시는 예상한 범위 내의 처리량인지 아닌지를 확인하는 기능이다.

로봇이 주역인 RPA의 관리 툴은 관리 대상 로봇의 경우와, 관계하는 사람인 경우의 2가지 시점에서 생각하면 알기 쉽다.

RPA 관리 대상이 로봇인 경우

RPA의 경우는 보통은 복수의 로봇을 관리한다. 로봇을 대상으로 하면 다음과 같은 관리가 있다.

- 프로필: 이름과 역할
- 가동 상황: 동작 유무
- 스케줄: 정각 개시·종료
- 처리 완료: 처리 완료·미완료
- 가동 로봇 수: 로봇 전체와 가동 중 수량
- 동작 순번: 로봇 간의 동작 순번
- 워크그룹: 업무와 공정 등에서 그룹 구분

RPA 관리 대상이 사람인 경우

로봇이 아니므로 RPA의 외부에 존재하지만 그 존재와 역할을 명확히 할 필요가 있다(그림 10.3).

- 권한 관리: 관리자, 개발자, 사용자, 기타
- 그룹: 사용자의 그룹화와 계층 구분

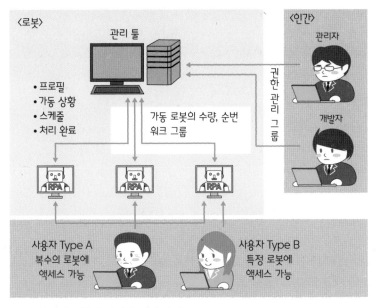

그림 10.3 관리 툴인 로봇과 사람에 대한 관리

　이 경우 로봇 주위에 권한 관리된 인간이 존재한다.

　RPA의 도입 이전과 비교하면 사람이 그룹으로 수행할 때의 관리가 그대로 대체될 뿐이지만 새삼 사람이 하고 있는 관리의 완성도가 얼마나 낮은지를 이해할 수 있다.

10.3.1 RPA의 헬스 체크와 자원 감시

Kofax Kapow는 웹 브라우저의 Management Console에서 다양한 정보를 확인할 수 있다.

그림 10.4의 Dashboard 화면은 포트릿에 의한 표시로 RoboServer memory usage(RPA 서버의 메모리 사용 상황), Total executed robots(동작하고 있는 로봇의 수)등을 한 화면에서 확인할 수 있다.

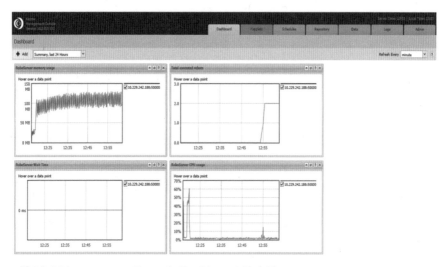

그림 10.4 Management Console Dashboard 화면 예

예를 들면 ①이 RoboServer memory usage, ②가 Total executed robots의 상태를 나타낸다. 덧붙이면 ③은 RoboServer Wait Time, ④는 RoboServer CPU usage이다.

그림 10.5는 각 로봇의 처리 스케줄을 관리하는 화면의 예이다. 예에서는 1행이 1로봇이 된다.

그림 10.5. Management Console Schedules 화면 예

다음의 Data 화면에서는 로봇이 데이터베이스에 격납한 데이터를 볼 수 있다(그림 10.6).

1행째에 상품명(NAME) Super S 7이라는 상품의 레코드가 입력되어 있는 것을 알 수 있다.

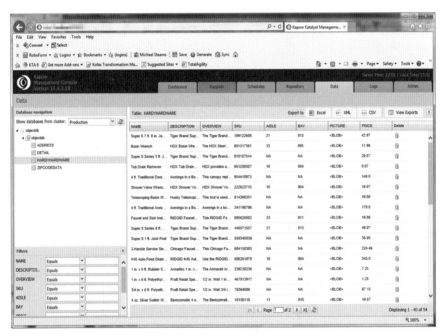

10.6 Management Console Data View 화면 예

Pega의 관리 툴은 BPMS의 Pega7 아래에 자리매김되는 Robot Manager 이다.

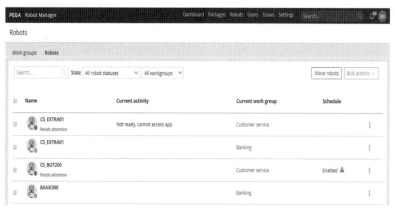 Robot Manager의 로봇 뷰

각 로봇의 가동 상황을 일람으로 확인할 수 있다. 로봇을 나타내는 그림이 귀엽다(그림 10.7).

로봇에 번호뿐 아니라 어떤 업무를 하고 있는지 프로필 정보를 부가할 수 있어 업무 진척 상황을 쉽게 알 수 있다.

가령 1행째의 로봇은 커스터머 서비스의 워크그룹에 속해 있고 CS_EXTRA01 이라는 이름이 붙어 있다.

화면상에서는 현재 액티브 상태임을 알 수 있다.

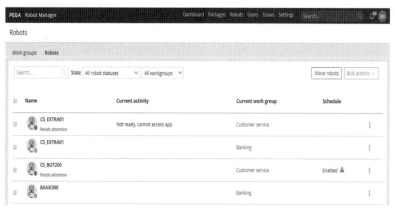

그림 10.7 Pega Robot Manager의 로봇 뷰 화면 예

그림 10.8은 워크그룹으로 본 예이다.

상단과 하단에서 'Banking'과 'Customer Service'로 워크그룹이 나뉘어 있다.

도입이 늘어 그룹화가 진행되면 이처럼 워크그룹에서 볼 수 있는 화면이 편리하다.

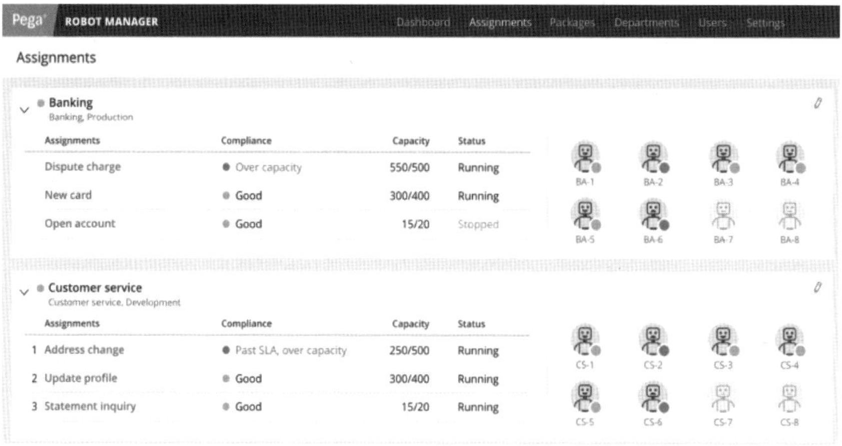

그림 10.8 Pega Robot Manager의 워크그룹 뷰 화면 예

10.4 RPA 고유의 운영 관리

10.4.1 업무 진척 상황은 누가 관리해야 하는가 ?

시스템으로서의 운영 관리는 지금까지 설명한 바와 같지만 RPA의 경우는 시스템과 소프트웨어로서의 가동에 추가해 사람을 대신해서 정해진 업무를 처리할 수 있을지도 고려해야 한다.

RPA의 처리 완료에 관해서는 시스템 운영 관리 부문에서도 현업 부문에서도 알 수 있지만 처리 대상인 업무 내용은 현업 부문이 아니면 알 수 없다. 따라서 업무 프로세스를 관리하고 있는 현업 부문이 확인하는 것이 적절하다.

이렇게 생각하면 로봇이 사람과 같은 업무를 하는 거라면 도입한 현업 부문에서도 관리자를 정할 필요가 있다.

RPA만으로 완결 가능한 업무도 현 시점에서는 아직 적다. 업무 전체를 보는 관리자가 겸업하는 것도 가능하지만 향후를 위해 RPA 관리자는 정해두는 게 좋다.

10.4.2 RPA 업무 시스템의 로그인 ID

RPA가 업무 시스템에 로그인해서 처리를 실행하는 일은 자주 있지만 그때의 로그인 ID와 패스워드는 어떻게 하고 있을까.

현 시점에서는 다음 3가지 선택지가 있다.

① 개별 로봇 전용 ID와 패스워드를 발행한다
② 로봇에 일괄 ID와 패스워드를 발행한다
③ 특정인의 ID와 패스워드를 유용한다

3가지 중에서 가장 많이 이용하는 것은 ①이다. 로봇 자체가 적은 경우나 로봇의 담당 업무가 유동적인 경우라면 ②와 ③을 선택하는 일도 있다.

RPA로 운영을 감시한다

RPA는 시스템의 운영 감시 업무에서도 사용할 수 있다. 여기서는 운영 감시 사례를 소개한다.

📟 운영 감시 예

시스템의 운영 감시에서는 헬스 체크와 자원 감시가 정기적으로 이루어지고 있다. 이전부터 가동하고 있는 시스템이라면 운영 감시 시스템에서 정기적으로 실행되고 있으므로 자동화되어 있다.

그러나 새로운 시스템이나 추가 변경 등이 빈번한 시스템에서는 사람이 정기적으로 감시하는 것도 많다.

헬스 체크와 자원 감시를 RPA에 대행시키고 있는 사례도 있다.

시스템 관련 업무의 전문가 집단이므로 RPA의 도입에도 관심이 높은 것에도 기인한다.

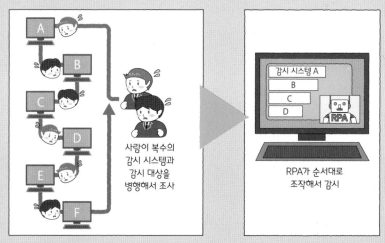

그림 10.10 RPA가 감시 시스템을 조작

인간이 복수의 화면을 보면서 감시 시스템과 감시 대상을 정기적·병행적으로 조사하고 있지만 로봇이 대행하는 것이 훨씬 효율적이다.

그림에서 보면 감시 시스템과 감시 대상의 조작은 RPA와 상성이 좋은 활용 방법인 것을 알 수 있다.

마찬가지 예로 웹 서비스의 운영 감시 서비스도 있다.

웹의 경우에는 시스템의 헬스 체크와 자원 감시에 추가해 중요한 페이지가 바르게 동작하고 있는지를 감시한다. 예를 들면 견적 의뢰 페이지가 정상으로 동작하고 있는지, 주문 시스템이 기능하고 있는지 등이다.

웹의 경우에는 서버, URL, 내용 자체의 변경도 빈번하기 때문에 사람이 일일이 동작 상황을 확인하고 있는 기업도 많은 것이 실정이다. 특히 급성장하고 있는 웹 서비스 기업 등은 대량의 인원을 투입해서 부정 액세스도 포함해서 감시하고 있다.

고객으로부터 주문을 받을 수 없거나 상품의 이미지가 표시되지 않거나 의도적으로 다른 내용으로 변경되면 매출에 미치는 영향이 크므로 어느 정도의 인해전술도 어쩔 수 없을 것이다.

페이지가 바르게 표시되어 있는지, 동작하는지 등을 감시하는 거라면 어려운 정의는 아니므로 RPA의 활약을 기대할 수 있다.

필자도 유명한 웹 사이트에서 작업자가 일정한 간격으로 확인하고 있는 것을 본 적이 있는데 보통 일이 아니다.

시스템의 운영 감시와 웹 서비스의 감시 예는 RPA와 상성이 좋으므로 도입 사례가 늘 것이다.

10.5 RPA의 시큐리티

10.5.1 물리 구성에서 본 시큐리티 위협

RPA 시스템은 서버와 데스크톱으로 구성되어 있다(그림 10.11).

시큐리티 관점에서 말하면 서버와 데스크톱 내의 애플리케이션과 데이터에 어떤 위협이 있는지를 알아야 한다.

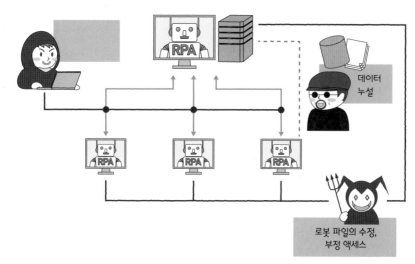

그림 10.11 물리 구성에서 본 시큐리티 위협

시큐리티 위협으로는 하드웨어인 서버, 네트워크 기기, 데스크톱도 물론 있지만 본 항에서는 소프트웨어인 RPA에 대한 위협에 중점을 두고 설명한다.

10.5.2 구체적인 시큐리티 위협

RPA 소프트웨어에 압축하면 다음의 사항이 주요 시큐리티 위협 예이다.

- 로봇 파일 변조
- 로봇 파일 부정 액세스
- 데이터 누설
- 관리 툴과 로봇 파일 간의 제어

RPA 로봇 파일 변조

제6장에서 로봇의 개발을 해설했지만 개발자가 정의한 처리를 변조하는 것을 말한다. 매일 실행되고 있는 처리와 정기적으로 실행되고 있는 처리가 변조된 경우의 피해는 막대하다.

RPA 로봇 파일 부정 액세스

변조와는 별도로, 권한이 없는 사람이 로봇 파일에 액세스해서 로봇 파일을 스케줄대로 실행할 수 없거나 존재를 밝히지 않은 로봇의 존재가 알려질 우려가 있다.

RPA 데이터 누설

로봇 실행 시에 외부 데이터를 취득하여 보관하는데 이들 데이터가 누설되는 것이다. 예를 들면 고객 정보를 어느 시스템에서 다른 시스템으로 복사할 때 데이터 파일과 데이터베이스에 의해 누설이 생길 가능성이 상정된다.

또한 시력이 상당히 우수한 사람에 해당하겠지만 로봇이 취급하고 있는 기밀 데이터를 눈으로 보고 훔칠 가능성이 전혀 없다고도 할 수 없다.

RPA 관리 툴과 로봇 파일 간의 제어

관리 툴과 로봇 간의 데이터 거래에 관한 누설이 상정된다.

10.5.3 시큐리티 대책

제품에 따라서 대책을 구현한 상황은 다르지만 개개의 시큐리티 위협에 대한 대책 예를 정리하면 표 10.1과 같다.

표 10.1 시큐리티의 위협과 대책 예

시큐리티 위협	대책 예
로봇 파일 변조	로봇 파일의 암호화
로봇 파일 부정 액세스	•세부 단위의 권한 관리 •데스크톱 조작의 감시
데이터 누설	•취득한 외부 데이터의 암호화 •표시 데이터의 마스킹
관리 툴과 로봇 파일 간의 제어	로봇 파일과 관리 툴 간의 통신 데이터는 SSL(Secure Sockets Layer)로 암호화하는 동시에 ID와 패스워드에 의한 유저 인증 기능을 갖추고 있다

시큐리티는 향후 한층 더 필요성이 커지는 분야이다. 위에 든 사항에 국한하지 않고 다양한 대책이 실시될 것이다.

RPA의 도입이 진행되면 로봇 파일의 수량 자체도 많아지고 취급하는 데이터량도 늘어난다.

대량의 로봇과 데이터를 취급하기 전에 각 기업과 단체에서 시큐리티 정책에 준거한 대책을 강구해두는 것이 매우 중요하다.

10.6 시큐리티 화면 예 : Blue Prism

시큐리티 관련 화면 예를 소개한다.
다음은 Blue Prism의 화면 예이다.

10.6.1 Blue Prism의 권한 관리 화면 예

권한 관리를 RPA 담당자의 역할에 준거해서 설정한다(그림 10.12). 역할은 화면 중앙에 있다. Alert Subscriber, Developer, Process Administrator, Runtime Resource, Schedule Manager, System Administrator, Tester의 7가지이다.

그림 10.12는 Developer의 액세스 권한인 Permissions를 선택한 예이다. 디폴트로는 역할이 7가지 타입으로 나뉘지만 요건에 따라서 역할도 신규 작성할 수 있도록 돼 있다.

퍼미션을 더 자세하게 설정할 수도 있다.

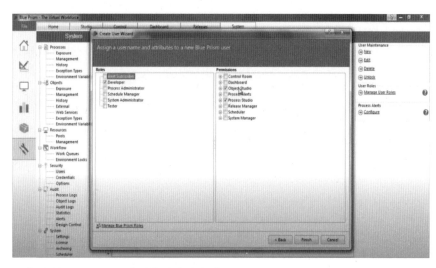

그림 10.12 Blue Prism의 권한 관리 화면 예

그림 10.13은 데이터 암호화 스킴을 정의하는 화면 예이다.

화면 중에서 데이터베이스에 저장되어 있는 데이터의 암호화를 정의한다.·
화면 아래의 기정 암호화 방식으로 AES-256bit를 선택했다.

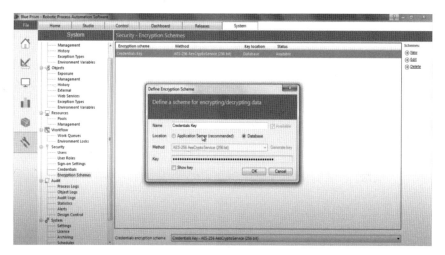

그림 10.13 Blue Prism의 데이터 암호화 화면 예

10

운영 관리와 시큐리티

맺음말

이상으로 RPA의 구조와 적용이라는 테마로 해설을 했다. 마지막에 업무 자동화라는 관점에서 정리한다.

아는 바와 같이 기업과 단체에서는 RPA 도입에 대응하고 있다. 처음에는 사람이 실행하고 있는 데스크톱의 조작을 대체하는 것부터 시작하는 일이 많을 것이다. 이어서 업무 프로세스 전체에서 활용되고 최종적으로는 업무의 자동화를 목표로 다른 기술과 조합해서 최적화해 간다.

업무 자동화라고 하면 가깝게는 제4장에서 소개한 AI, OCR, BPMS, 매크로 등의 기술이 있다. RPA는 자동화 기술 중에서 중요한 위치에 자리매김되지만 '전부'는 아니다. 어디까지나 유력 후보의 하나이다.

물론 다른 기술과 원활하게 연계하고, 어느 것인가를 내장하고 혹은 반대로 도입되는 등 업무 자동화를 지향하는 과정에서 바뀔 가능성은 있다.

또한 시야를 넓히면 본서에서 소개한 기술 이외에도 각종 센서와 IoT 관련 기기, 음성·화상·이동 인식 등 연계할 수 있는 기술은 여러 가지가 있다.

필자가 여러분에게 바라는 것은 최종 목표는 최첨단 공장과 같은 전자동화이며, 이를 위해 현재 또는 장래에 RPA를 어떻게 활용할지를 생각하라는 점이다.

마지막으로 이 책의 집필에는 마에다 코지, 오이시 하루오, 사토 마사미, 우라타 마사히로, 주식회사NTT데이터 제2공공사업본부 제4공공사업부 RPA 솔루션 담당, 페가재팬주식회사, Blue Prism 여러분에게 협력을 받았다. 또 이 책의 기획부터 간행까지 쇼에이샤 편집부의 전폭적인 도움이 있었다.

우리가 지향하고 있는 것은 업무 자동화이며 RPA는 그를 위한 유력한 기술 중 하나이다. 이 책이 그 실현에 일조하기를 바란다.

찾아보기

그림으로 이해하는
양자 컴퓨터의 구조
우츠기 타케루 지음 | 권기태 감역 | 김성훈 옮김 | 188쪽 | 19,000원

양자 컴퓨터가 차세대 기술 중 하나로 기대를 받고 있다. 양자 컴퓨터는 양자물리학이나 정보이론, 컴퓨터과학 같은 기초 연구의 성격이 강해서 막상 배우려고 해도 장벽이 높은 것도 사실이다. 이 책은 양자 컴퓨터에 첫발을 내딛는 사람이 읽을 수 있도록 구성한 입문서이다. 양자 컴퓨터를 다룬 뉴스나 서적은 내용에 따라서 양자 컴퓨터에 대한 개념이 달라 실체를 파악하기란 쉽지 않다. 그래서인지 양자 컴퓨터는 어느 정도 실용화 가능성이 있을까, 어떤 원리로 움직이는가, 어떤 방식이 있고 무엇이 다른가. 이런 것조차 파악하기 힘든 상황이다. 이 책은 일반 엔지니어가 전문서나 논문을 읽기 전에 가이드 맵으로 활용하기를 추천한다.

그림으로 이해하는
RPA의 구조
니시무라 야스히로 지음 | 송철오 감역 | 김기태 옮김 | 264쪽 | 19,000원

구성 요소, 구조부터 로봇 개발, 시스템 개발, 도입 절차까지 업무 자동화 기술의 전체상을 한 권에 이해할 수 있다! RPA는 AI(인공지능)와 IoT 등의 디지털 기술 중 하나로 손꼽히며 비용 절감, 일하는 방식 개혁 등과 조합해서 도입 효과에 대한 기대가 높아지고 있다. 한편 올바르게 전달되지 않은 부분도 있고 또한 다른 시스템과 비교하면 도입 장벽은 낮지만 그 실태와 도입 방법론은 아직 베일에 싸여 있다.
이 책에서는 RPA의 도입 형태, 구성 요소, 구조부터 로봇 개발, 시스템 개발, 도입 절차, 운용 관리와 시큐리티, 유사·보완 기술까지 RPA 구조의 모든 것을 그림을 보고 이해할 수 있다. 또한 구체적인 실장과 대표적인 RPA 제품의 특징 및 실제의 화면도 게재했기 때문에 막연하게 이해했던 RPA의 전체상을 제대로 파악할 수 있다.

BM (주)도서출판 **성안당** 경기도 파주시 문발로 112 파주 출판 문화도시 | T.031-950-6300 | http://www.cyber.co.kr

그림으로 이해하는
RPA의 구조

2020. 12. 2. 초 판 1쇄 인쇄
2020. 12. 9. 초 판 1쇄 발행

지은이 | 니시무라 야스히로
감역 | 송철오
역자 | 김기태
펴낸이 | 이종춘
펴낸곳 | BM (주)도서출판 성안당

주소 | 04032 서울시 마포구 양화로 127 첨단빌딩 3층(출판기획 R&D 센터)
　　　 10881 경기도 파주시 문발로 112 파주 출판 문화도시(제작 및 물류)
전화 | 02) 3142-0036
　　　 031) 950-6300
팩스 | 031) 955-0510
등록 | 1973. 2. 1. 제406-2005-000046호
출판사 홈페이지 | www.cyber.co.kr
ISBN | 978-89-315-8996-2 (13000)
정가 | 19,000원

이 책을 만든 사람들
책임 | 최옥현
진행 | 김혜숙
교정 · 교열 | 김연숙
본문 디자인 | 김인환
표지 디자인 | 박원석
홍보 | 김계향, 유미나
국제부 | 이선민, 조혜란, 김혜숙
마케팅 | 구본철, 차정욱, 나진호, 이동후, 강호묵
마케팅 지원 | 장상범, 조광환
제작 | 김유석

■ **도서 A/S 안내**

성안당에서 발행하는 모든 도서는 저자와 출판사, 그리고 독자가 함께 만들어 나갑니다.
좋은 책을 펴내기 위해 많은 노력을 기울이고 있습니다. 혹시라도 내용상의 오류나 오탈자 등이
발견되면 "좋은 책은 나라의 보배"로서 우리 모두가 함께 만들어 간다는 마음으로 연락주시기
바랍니다. 수정 보완하여 더 나은 책이 되도록 최선을 다하겠습니다.
성안당은 늘 독자 여러분들의 소중한 의견을 기다리고 있습니다. 좋은 의견을 보내주시는 분께는
성안당 쇼핑몰의 포인트(3,000포인트)를 적립해 드립니다.
잘못 만들어진 책이나 부록 등이 파손된 경우에는 교환해 드립니다.